Lieblingsplätze

für jeden Monat

SCHWARZWALD

GMEINER

GRAF | HERMANN | KEHLE | LEHMANN | SEITZ

Aus Gründen der Lesbarkeit und Sprachästhetik wird in diesem Buch das generische Maskulinum verwendet. Mit der grammatischen Form sind ausdrücklich weibliche sowie alle anderen Geschlechtsidentitäten berücksichtigt, insofern dies durch den Kontext geboten ist.

Für das Buch wurden QR-Codes generiert, die zu den Websites der Lieblingsplätze führen. Um sie zu nutzen, öffnen Sie die Kamera-App Ihres Endgeräts und richten den Rahmen für circa drei Sekunden auf den Code. Daraufhin erscheint eine Benachrichtigung. Sollte dies nicht passieren, müssen Sie ggf. das Scannen in den Einstellungen Ihres Gerätes erst aktivieren. Wenn diese Option nicht verfügbar ist, können Sie einen QR-Code-Reader von Drittanbietern in Ihrem App-Store kostenfrei herunterladen.

Alle Informationen wurden geprüft. Gleichwohl verändern sich Gegebenheiten, daher erfolgen alle Angaben ohne Gewähr. Sollte bei einem QR-Code ein Fehler angezeigt werden, sind wir für eine Nachricht dankbar. Auch über Ihr Feedback zum Buch freuen sich die Autorinnen und Autoren und der Verlag: lieblingsplaetze@gmeiner-verlag.de.

Bildverzeichnis: Hochschwarzwald Tourismus GmbH 8, 12, 52, 64, 86, 102, 108, 150, 162, 168, 172; Dagmar Seitz 10, 36, 38, 80, 82, 88, 92, 100, 128, 136, 142, 144, 152; Birgit Hermann 14, 18, 22, 24, 26, 30, 48, 98, 114, 116; Locher Fotodesign & Manufaktur 16; Touristinfo Todtmoos 20; Edi Graf 28, 44, 46, 68, 72, 140; Birgit-Cathrin Duval bcmpress 32; Hochschwarzwald Tourismus/Mende 34; Klaus Echle, Freiburg 40; Matthias Kehle 42, 76, 110, 126; Stadt Gernsbach 50; Veronika Wieland 54, 106; Badenweiler Tourismus GmbH/Marc Schäfer 56; Steinwasen Park/www.hoyerdesign.de 58; Liftverbund Feldberg&Feldbergbahn 60; Stadtverwaltung Endingen/Silke Vosbein 62; Pixabay License 66; Astrid Lehmann 78, 112; Matthias Zizelmann 84; www.klaus-hansen.de 74, 90; Sportfreunde Dobel 94; Hochschwarzwald Tourismus/Domfestspiele©Stadt St.Blasien 96; urbazon-iStock.com 104; Margarete Köpfer 118; Erich Spiegelhalter/Schwarzwald Tourismus 120; Pixabay License/Pexels 122; Julian Semet/Schwarzwald Tourismus 124; Stadt Bühl 130; Sabine Sieferle 132; Stadt St. Blasien 134; Sascha Bucher 138; Pixabay License/ByJojo 146; PK-Photos-iStock.com 148; Pxabay License/dlohner 154; Tourist-Information Waldbronn/Foto: Christoph Nadler 156; Ospelehof Hinterzarten 158; Chris Keller/Schwarzwald Tourismus 160; Moritz Huber 164; Pixabay License/ValeriaLu 166; 4RAUM-Die Agentur/Stadt Schiltach 170

1. Auflage 2024

Im Ehnried 5, 88605 Meßkirch
Telefon 07575/2095-0
info@gmeiner-verlag.de

Besuchen Sie uns im Internet: www.gmeiner-verlag.de

QR-Code einscannen und kostenloses E-Book anfordern.

Lektorat/Redaktion: Ricarda Dück
Herstellung: Julia Franze
Bildbearbeitung/Umschlaggestaltung: Susanne Lutz
unter Verwendung der Illustrationen von © Sylwia Nowik; EH Grafik, SilhouetteDesigner, SimpLine, Arcady, DesignStudio RM, askaja – stock.adobe.com; Leviana – shutterstock.com; © Susanne Lutz
Kartendesign: © Maps4News.com/HERE
Druck: AZ Druck und Datentechnik GmbH, Kempten
Printed in Germany
ISBN 978-3-8392-0615-7

Januar

Februar

März

April

Mai

Juni

Juli

August

September

Oktober

November

Dezember

Die Autorinnen und Autoren:

AL – Astrid Lehmann
BH – Birgit Hermann
BL – Bernd Leix
DS – Dagmar Seitz
EG – Edi Graf
MK – Matthias Kehle
RD – Ricarda Dück

Der Feldberg im Winter

Markthalle Freiburg
Grünwälderstraße 4
79098 Freiburg
im Breisgau

1 Eine kulinarische Reise um die Welt

Markthalle

Schlemmen Sie sich an trüben Tagen rund um den Globus! Ob badisches »Schäufele mit Brägele«, ein brasilianischer Bohneneintopf oder persische Köstlichkeiten – in der Freiburger Markthalle können Besucher Spezialitäten aus aller Herren Länder probieren. An ungefähr 20 Ständen bereiten Köche und Köchinnen mit frischen Zutaten heimische und exotische Leckereien zu.

An allen Ecken steigen verführerische Gerüche in die Nase, die Urlaubsgefühle wecken. Statt des herkömmlichen Verkaufs regionaler Lebensmittel werden in der Markthalle vorrangig Speisen zum Verzehr zubereitet. In einem kleinen Bereich am Eingang werden auch frisches Obst und Gemüse feilgeboten. Im hinteren Teil des charmanten Gebäudes stehen Tische mit Stühlen, an denen leckere Gerichte in authentischer kunterbunter Atmosphäre zu sich genommen werden können. Dazu ein passendes Getränk aus dem großen Angebot, und schon wähnt man sich an einem fernen Ort.

Der unscheinbare Eingang des denkmalgeschützten Bauwerks befindet sich in einer kleinen Seitengasse der Fußgängerzone. Bis Mitte der 1980er-Jahre wurde in dem Gebäude aus dem 19. Jahrhundert die *Freiburger Zeitung* gedruckt, ab 1985 zogen nach und nach die Marktstände ein. Im Laufe der Jahre hat sich die Markthalle zu einer Art kulinarischen Institution in Freiburg entwickelt, die bei Einheimischen und Gästen gleichermaßen beliebt ist.

DS

Abends an den Wochenenden finden immer wieder Veranstaltungen statt. Genießen Sie Livemusik in geselliger Stimmung bei kulinarischen Leckerbissen und einem Glas Wein oder Cocktail. Das aktuelle Programm finden Sie im Event-Kalender auf der Website.

Warum jetzt?
Wer an kalten Tagen von Fernweh geplagt wird, kann in der Freiburger Markthalle kulinarisch ferne Länder erkunden.

Beachten!
Meiden Sie die Mittagszeit, wenn es voll wird.

Wann sonst?
Im Hochsommer spendet die Markthalle Schatten und Kühle.

Hasenhorn Sessellift/ Rodelbahn
Lindenstraße 9
79674 Todtnau

Konfitürenmanufaktur Alfred Faller
Seeweg 3
79694 Utzenfeld
07673 9107300

2 Die Wiege des deutschen Wintersports

Hasenhorn

Die Wiese als »des Feldbergs lieblichste Tochter« hat seit jeher Dichter inspiriert. Viktor von Scheffel beginnt mit der Wiesenquelle sein Feldberggedicht und in Hausen im Wiesental ist Johann Peter Hebel aufgewachsen.

Die Wiese entspringt auf dem Seebuck, dem Nebengipfel des Feldbergs, und rauscht in einer 80 Kilometer langen Gletscherfurche Richtung Hochrhein. Todtnau im Oberen Wiesental gilt als Wiege des deutschen »Schneeschuhsports«. 1891 wurde der erste Skiklub des Landes gegründet. Großartige Abfahrten und eine Rodelbahn locken Wintersportfreunde auf das 1.158 Meter hohe Hasenhorn. Ab Januar ist die Wahrscheinlichkeit gegeben, dass Schnee liegt, denn nun bleibt die weiße Pracht in der Regel auch auf den Südhängen liegen. Da die Sonne hier tief steht, herrschen dort sehr gute Bedingungen. Auf der 3,5 Kilometer gewalzten Rodelbahn können alle, ob mit oder ohne Vorkenntnisse, den Winter sportlich genießen. Schlitten können mitgebracht oder ausgeliehen werden. Unabhängig vom Schneefall ist Rodelspaß auf den über 2,9 Kilometer schienengeführten Schlitten des *Hasenhorn Coasters* garantiert. Auch im Januar kann man sich im Berggasthaus Hasenhorn stärken und auf der Terrasse ein paar Sonnenstrahlen erhaschen.

Zum Ausklang eignet sich ein Abstecher nach Zell im Wiesental, wo Constanze Weber (verh. Mozart) 1762 geboren wurde. Einen Ausflug wert ist zudem der Schneiderhof, der bis in die 1980er-Jahre von der fast 90-jährigen Berta Schneider alleine bewirtschaftet wurde und heute Kulturdenkmal ist. Unter dem Roggenstrohdach können Rauchküche und Kammern besichtigt werden. *EG*

1913 stellte Alfred Faller in Schönau seine ersten Konfitüren her. Heute kann man in Utzenfeld in Fallers Lädele einkaufen.

Todtnau

Warum jetzt?
Für Wintersportfreunde ist jetzt ein Besuch des Hasenhorns ein Muss! Im Januar herrschen in der Regel ideale Bedingungen.

Beachten!
Die Pisten an den schattigen Nordhängen können im Januar eisig sein!

Wann sonst?
An warmen Tagen können Mountainbiker mitsamt Rad die Sesselbahn am Hasenhorn nutzen. Im Mountainbike-Funpark starten die Downhillstrecken.

Große Hochfirstschanze
Schützenstraße 100
79822 Titisee-Neustadt

Schützenhaus
Schützenstraße 22
79822 Titisee-Neustadt

3 Ein Winterspektakel

Große Hochfirstschanze

In kalten Winternächten lässt sich gelegentlich über dem Neustädter Schmiedsbachtal am Hochfirst eine helle Beleuchtung ausmachen und ein unterschwelliges Brummen ist zu hören. Nein, hier tanzen keine Waldgeister um den Hexenkessel! Die Neustädter wissen: Es ist so weit, die Schanze wird hergerichtet!

Draußen herrschen die nötigen Minustemperaturen, um zur Sicherheit Kunstschnee herzustellen, denn in Zeiten des Klimawandels fällt nicht immer genügend Naturschnee. Während die Masse am Hang verteilt wird, hängt »Mathilde«, wie die Neustädter das Spurgerät liebevoll nennen, an langen Stahlkabeln und fräst die Anlaufspur in Form. Titisee-Neustadt richtet seit einigen Jahren den Skisprungweltcup und das Continental-Cup-Skispringen aus. Ein freiwilliger Trupp, das Schanzenteam, organisiert alljährlich diese Events. Die vielseitigen Arbeiten gehen Hand in Hand, man ist aufeinander eingespielt.

Eine Misere war es, als an den festgelegten Skisprungterminen 2002 und 2003 der Naturschnee fehlte. Beim Blick über die Landesgrenzen zeigte sich, dass die Finnen den Schnee »übersommern«. Die Idee fand im Schwarzwald Anklang. Verpackt unter Sägespänen und Dämmmatten liegt der Verlust in dieser Höhenlage nun bei einem verschmerzbaren Drittel. Sollte es bis zu den Weihnachtsfeiertagen nicht geschneit haben, kann (seither) auch Abhilfe geschaffen werden, um die Schlitten, die das Christkind gebracht hat, auszuprobieren.

BH

Wem der steile Aufstieg zum Schanzentisch zu anstrengend ist, der kann über einen bequemen Waldweg dorthin gelangen. Er beginnt neben dem Schützenhaus.

Warum jetzt?
Wenn Minustemperaturen herrschen, können Sie miterleben, wie die Schanze für das Weltcupspringen präpariert wird.

Beachten!
Tickets sind ausschließlich online erhältlich.

Wann sonst?
Im Juli erwacht die Schanze kulturell. Bei verschiedenen Veranstaltungen vom Alpenmusical bis zur Mountainbike-Bundesliga ist für alle etwas dabei!

Schwarzwald-Bäderstraße
Startpunkt:
Paracelsus-Therme
Reuchlinweg 4
75378 Bad Liebenzell
07052 408608

Freizeit und Tourismus Bad Liebenzell
Kurhausdamm 2–4
75378 Bad Liebenzell
07052 4080

4 Abtauchen für die Gesundheit

Schwarzwald-Bäderstraße

In Bad Liebenzell genießen Einheimische wie (Kur-) Gäste die Paracelsus-Therme (34 °C) mit Saunalandschaft und den Blick von der Burg Liebenzell ins Nagoldtal. Von hier führt die Schwarzwald-Bäderstraße Richtung Enztal ins ehemalige Waldhufendorf Schömberg. Im Januar, nach dem Trubel der Weihnachtsferien, kann man die Einsamkeit der tief eingeschnittenen Täler und malerischen Berge im Nordschwarzwald genießen. Der 270 Kilometer lange Rundkurs führt durch Dörfer, mittelalterliche Städtchen und elegante Heilbäder, wo man an kalten Tagen sein Immunsystem stärken kann.

Schon die württembergischen Herzöge kamen im 18. Jahrhundert nach Bad Teinach, allerdings zur Sommerfrische. Die Hirschquelle gilt heute noch als Gesundbrunnen, und in der Mineraltherme (34 °C) ist Erholung garantiert. Entlang der Großen Enz spaziert man in Bad Wildbad zur Vitaltherme (34 °C). Zu den Besonderheiten im edel-sinnlichen Palais Thermal (35 °C), als Graf-Eberhard-Bad erbaut, zählen der Orientalische Ruheraum und ein »Klangwassercocktail« mit Klangschalentönen einmal monatlich in der kalten Jahreszeit.

Eine ausgedehnte Bade- und Saunalandschaft bietet die Siebentäler Therme (35 °C) mit dem Prießnitz-Spa in Bad Herrenalb. Das höchstgelegene Mineral- und Moorbad im Schwarzwald (bis 950 Meter) ist Bad Rippoldsau-Schapbach (32 °C). Die einstige Sommerhauptstadt Europas, Baden-Baden, verbindet Tradition und Moderne auch in der Badelandschaft (bis 38 °C): Im Flanierbereich des Bäderviertels liegen die Caracalla-Therme – ehemals Augustabad – und das Friedrichsbad. Dieses römisch-irische Thermalbad pflegt heute Freikörperkultur. *EG*

In Wasser, Licht und Musik baden beim *Candlelight-Schwimmen* in Bad Herrenalbs Siebentäler Therme.

Bad Liebenzell

Warum jetzt?
Die Thermen an der Schwarzwald-Bäderstraße bieten mollig warme Temperaturen an kalten Tagen. Dampfbäder, Salzgrotten und Thermalwasser stärken das Immunsystem.

Beachten!
Jede Therme punktet mit besonderen Angeboten und Events. Nähere Informationen vorab auf den Websites der Thermen einsehen!

Wann sonst?
Kommen Sie wie einst die württembergischen Herzöge zur Sommerfrische! Bei gutem Wetter kann man beim Heilklimawandern die Gesundheit fördern.

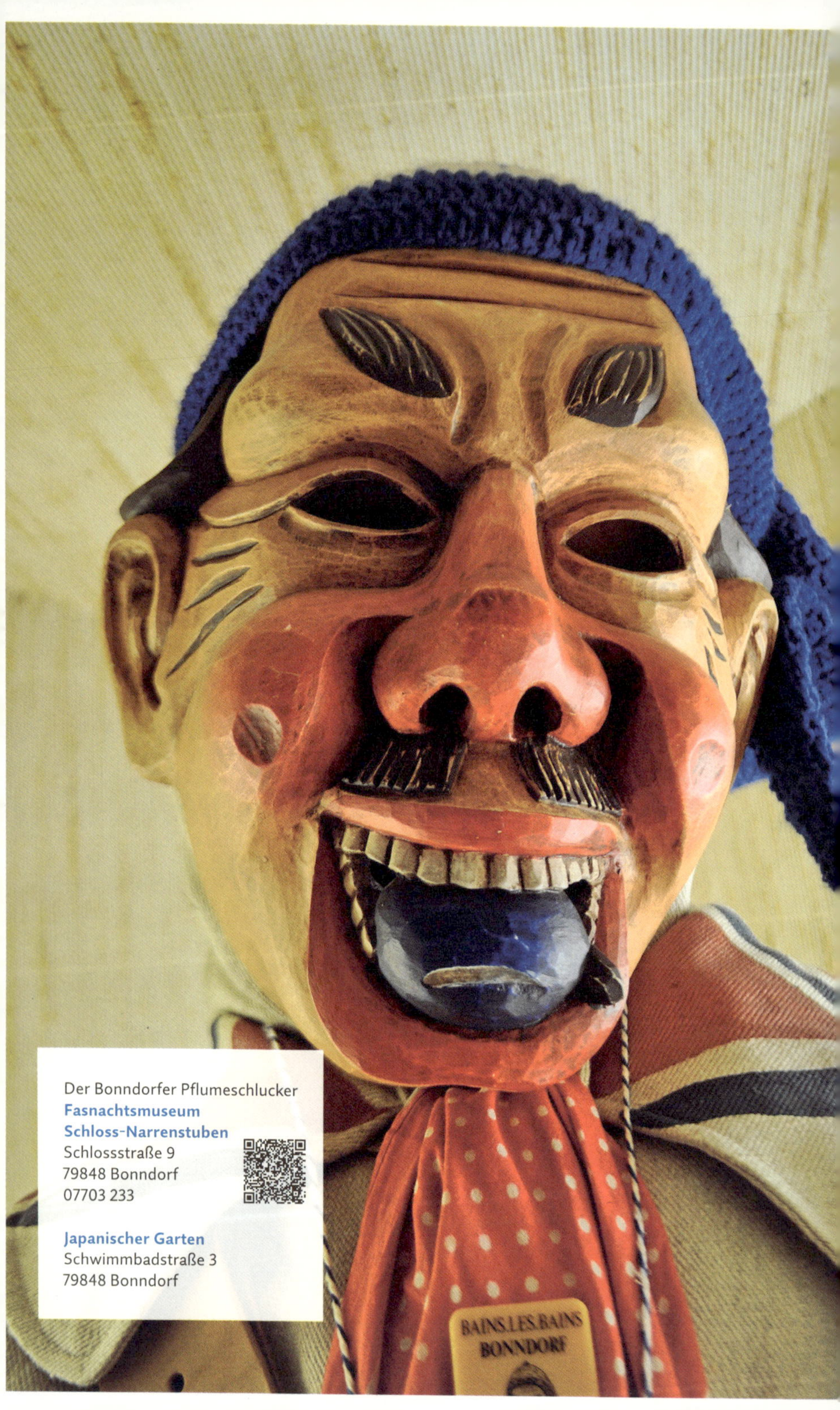

Der Bonndorfer Pflumeschlucker

Fasnachtsmuseum Schloss-Narrenstuben
Schlossstraße 9
79848 Bonndorf
07703 233

Japanischer Garten
Schwimmbadstraße 3
79848 Bonndorf

5 Masken und Häs abstauben!

Fasnachtsmuseum Schloss-Narrenstuben

Das Bonndorfer Schloss, gebaut von Freiherr von Mörsberg, ist heute eine Narrenhochburg. Hier herrscht das ganze Jahr über Fasnet, wie die »Fastnacht« in der Region genannt wird. In 15 Zimmern des über 400 Jahre alten Schlosses findet jeder Narr, was sein Herz begehrt.

Die Fasnet wurde im 13. Jahrhundert erstmals erwähnt und orientierte sich ursprünglich am Wilden und Animalischen. Im 15. Jahrhundert entwickelte sich das Fest zu einer Veranstaltung für Betuchte und distanzierte sich damit von der Straßenfastnacht des Volkes. Ein Handwerkszunftbuch belegt, dass in Bonndorf schon 1765 Fastnachtsmasken, sogenannte Schemen, hergestellt wurden. Der Pflumeschlucker entstand Anfang des 20. Jahrhunderts und ist die mit rund 500 Mitgliedern größte Zunft der Umgebung. Laut einer mittelalterlichen Überlieferung sollen die Bonndorfer die ersten Pflaumen, als die ihren Weg in den Schwarzwald fanden, mit Stiel und Stein »verschluckt« haben. Und wer ein echter Schwarzwälder ist, der nimmt sich gerne selbst aufs Korn, bevor es andere tun.

Tauchen Sie in aller Ruhe ein in die Welt der über 400 originalgetreuen Miniaturnarren. Eingebettet in ihr Umfeld tanzen die Hexen um das Feuer, reiten die elf Räte auf einem Baumstamm, laufen die Hemdglunki mit Laternen durch die nächtliche Stadt. In den Kellerräumen hängen um die 300 Masken an den Wänden und beäugen schelmisch den Besucher. Sie sind alle aus heimischem Gehölz handgeschnitzt. *BH*

Hegen Sie nach den wilden Fratzen den Wunsch nach Erholung, ist der Japanische Garten nebenan das Richtige. Im Winter wirken die asiatischen Elemente wie aus einem Märchen.

Warum jetzt?
Am 6. Januar fällt der Startschuss zur Fasnet. Ideal, um abseits der »hohen Tage« ohne Gedränge und im wohlig Warmen die närrische Zeit zu beginnen.

Beachten!
Die Ausstellung kann von Freitag bis Sonntag besucht werden.

Wann sonst?
Im Museum herrscht das ganze Jahr über Fasnet-Stimmung! Vom 15.11. bis zum 15.12. ist das Museum nur sonntags geöffnet.

Internationales Schlittenhunderennen Waldhaus-Husky-Camp
79682 Todtmoos

Heimatmuseum Heimethus
Murgtalstraße 15
79682 Todtmoos

Alaska-Feeling

Internationales Schlittenhunderennen

Ende Januar in Todtmoos-Schwarzenbach: Das Hecheln und Heulen der Hunde ist nicht zu überhören, seltsame Rufe erschallen in der klirrenden Kälte. Seit 1975 ist Todtmoos das Schwarzwälder Eldorado der Huskys. Zu den alljährlichen Meisterschaften im Schlittenhunderennen finden sich an die tausend Samojeden und Huskys mit ihren Mushers, den Schlittenführern, ein. Alaska hautnah, möchte man meinen, wenn das Bellen der ungeduldig wartenden Hunde durch den Wald dringt, bis der Musher endlich den Anker löst und die Gespanne losstürmen dürfen.

1994 und 2015 fanden sogar die Weltmeisterschaften im Hochschwarzwald statt. Die anspruchsvollen Trails starten in Schwarzenbach auf tausend Metern Höhe und sind eine Herausforderung für Mensch und Tier. Die Gespanne mit zwei, vier, sechs und acht Hunden messen sich miteinander. Für das Publikum am beeindruckendsten ist wohl die »offene Klasse«, bei der nahezu unbegrenzt viele Huskys den Schlitten ziehen.

Für die Zuschauer bieten vielseitige Angebote ein abwechslungsreiches Rahmenprogramm. Über mehrere Tage sorgen ein Wintermarkt mit Ständen, eine Fackelwanderung oder ein Country-Abend mit Bands für ausgelassene Stimmung. Im Festzelt darf verköstigt werden, während am Start und Ziel Stände kulinarische Schwarzwald-Spezialitäten anbieten. Darüber hinaus besteht die Möglichkeit, den Huskys hautnah zu begegnen oder selbst eine Schlittenhundefahrt durch den Hochschwarzwald zu unternehmen. *EG*

Holzhauer waren die ersten Siedler im »todten Moos«. Im Heimethus wird unter dem Schindeldach eines über 250 Jahre alten Schwarzwaldhauses die Ortsgeschichte nachgezeichnet.

Todtmoos

Warum jetzt?
Nur Ende Januar kann man das Spektakel des Schlittenhunderennens in Todtmoos erleben. Mitten im Schwarzwald fühlt man sich wie in Alaska!

Beachten!
Achten Sie auf warme Kleidung und gutes Schuhwerk. Erkundigen Sie sich vorab auf der Internetseite der Gemeinde, ob ausreichend Schnee liegt. Sollte das Rennen ausfallen, bietet das Rahmenprogramm allerhand Unterhaltung.

Wann sonst?
Bis in den März können Sie an mehrtägigen Musher-Kursen teilnehmen, die auch auf dem Renngelände stattfinden.

Schneeschuhwanderung an der Halde am Schauinsland
In der Halde (an der L 124)
79254 Oberried-Hofsgrund

Gästeführerin Ursel Lorenz
NatourPur
Haus Silberdistel
Dorfstraße 11
79254 Oberried-
Hofsgrund
07602 512

7 Winterspaß der Superlative

Schneeschuhwanderung am Schauinsland

Während im Sommer die Wagemutigen mit gemieteten Rollern ins Tal preschen, wirken die Schneeschuhtouren im Winter eher gemächlich. In Hofsgrund am Fuße des Bergs kann man Skischuhe und Guide mieten.

»Bergschuhe reichen für die Bindung«, versichert meine Tourenführerin Ursel Lorenz. Also festschnallen und probelaufen. Der Fuß rollt ab wie auf einer Schaukel; die Auftrittsfläche, die sich an der Sohle befindet, bleibt dabei stabil auf dem Schnee. Ein ungewohntes Gefühl. Man muss breiter treten, nach ein paar Metern habe ich mich bereits daran gewöhnt.

Wir starten unsere Tour beim Hotel Halde oberhalb der Ortschaft Hofsgrund. Das geschichtsträchtige Hotel schmiegt sich an den rückwärtigen Bergrücken des Schauinsland. Wir stapfen bei Sonnenschein an eisbehangenen Weidbuchen vorbei, hüpfen übermütig den schneebedeckten Hang hinunter in den Wald. Hier sind wir allein, keine Straße, kein Loipenbetrieb, nichts. Nur Stille. Wir bleiben auf einem Holzabfuhrweg, um das Wild nicht aufzuschrecken. Nach einiger Zeit bergab erreichen wir einen Fahrweg – puh, das ging in die Beine. Ursel lockt uns in die kleine Bauerngaststätte Zähringer Hof. Ein Glühwein sorgt für neuen Mut und rosige Wangen. Draußen wird es langsam dämmrig. Der Wanderweg bergauf zieht sich. Schließlich haben wir die Halde im großen Bogen umrundet. Der Vollmond zeigt sich zwischen den Tannen, während im Hintergrund der Feldberg im letzten Abendlicht glänzt, als wir den Hotelparkplatz erreichen. *BH*

Das Hotel Halde strahlt Behaglichkeit aus und punktet mit einer vorzüglichen Küche. Das Richtige nach einem ereignisreichen Tag im Schnee.

Warum jetzt?
Bei einer Schneeschuhwanderung erlebt man eine glitzernd weiße Welt und einmalige Ausblicke. Ausklingen lässt sich die Tour bei leckeren Heißgetränken.

Beachten!
Die Wanderungen werden ab 15 Jahren empfohlen. Melden Sie sich rechtzeitig an! Sollte kein Schnee liegen, bekommen Sie den Preis zurückerstattet.

Wann sonst?
Im Sommer lässt sich der Schauinsland wunderbar auf Rollern erkunden.

Holzbildhauerei Stiegeler
Kirchsteig 5
79865 Grafenhausen
07748 283

Skulpturenpark Grafenhausen
Spiechergässle 2
79865 Grafenhausen

8 Die Wiege der Fasnet-Masken

Holzbildhauerei Stiegeler

Besondere Arbeiten aus heimischem Holz können Sie in der Werkstatt des Holzbildhauers Simon Stiegeler bewundern. Er ist der Künstler für alles Urige und Übersinnliche. Man könnte sagen, er verleiht Geistwesen eine reale Gestalt. Wann wäre ein Besuch geeigneter als zur Fasnet, die auf den Legenden des Schwarzwalds fußt?

Betritt man im Februar seinen Laden mit angeschlossener Werkstatt, erkennt man sofort den saisonalen Schwerpunkt: die Maskenschnitzerei. 180 Narrenvereine arbeiten inzwischen mit Simon Stiegeler zusammen. Von teuflischen Dämonen, fantasievollen Tier- und Fabelwesen sowie spitzbübischen Narren bis zur originalgetreuen Glatt- und Porträtmaske findet sich alles, was das Herz eines Narren höherschlagen lässt. Die größten und bekanntesten Zunftmasken sind die Bonndorfer Pflumeschlucker und die Laufenburger Narro-Altfischerzunft. Für ein Unikat braucht Stiegeler drei Arbeitstage; werden mehrere gleiche Masken bestellt, schafft er ein Exemplar in eineinhalb Tagen. Die Masken werden aus Lindenholz handgeschnitzt und von Stiegelers Frau Lillian bemalt.

Darüber hinaus fertigt der Künstler Holzwerke für eine kanadische Filmproduktion, erstellt den Pokal für die TV-Serie *The Masked Singer* und war baden-württembergischer Kulturbotschafter bei der Expo in Schanghai. Eine seiner namhaften Arbeiten ist die Porträtmaske des Popkünstlers Harry Styles. Eine wunderschöne künstlerische Art, mit dem heimischen Material Holz zu arbeiten, ist bei dem alljährlichen Bildhauer-Symposium in St. Blasien zu beobachten, an dem auch Simon Stiegeler selbstredend teilnimmt. *BH*

Wenige Schritte entfernt liegt der Skulpturenpark, in dem auch Werke von Stiegeler stehen.

Grafenhausen

Warum jetzt?
Stiegelers Holzmasken sind ein bedeutender Teil der schwäbisch-alemannischen Fasnet. Mehr als 150 Narrengruppen tragen die Masken, die hier mit der Hand gefertigt werden.

Beachten!
Erkundigen Sie sich online nach den Ladenöffnungszeiten. Regelmäßig finden Kreativ-Workshops statt, an denen Sie teilnehmen können.

Wann sonst?
In der Advents- und Weihnachtszeit verzaubern traditionell und modern gefertigte Engel und Holzkrippen die Besucher.

Villinger feinekost/bistrot
Hauptstraße 6
Am Münsterplatz
79822 Titisee-Neustadt
07651 1401

Kurgarten Titisee
Strandbadstraße
79822 Titisee-Neustadt

9 Ein Muss für alle Romantiker

Villinger

Etwas Besonderes nach den Besorgungen im Städtle ist für mich ein Besuch bei Villinger gegenüber dem Münster. Ein angesagter Treffpunkt, nicht nur für einen Cappuccino. Erlesene Köstlichkeiten verwöhnen zu allen Tages- und Jahreszeiten. Einen kulinarischen Höhepunkt im Jahr bildet das Valentinsmenü.

Katharina Villinger hat in vierter Generation das Feinkostgeschäft der Familie zu einem modernen Bistrot umgewandelt. Angefangen hat ihr Urgroßvater Albert 1900 mit einem Kolonialwarenladen. Das Sortiment umfasste damals neben Gerätschaften für die Landwirtschaft auch Raritäten wie Stockfisch und Kaffee. Der Fisch wurde getrocknet in Körben geliefert und über Nacht in Steinbecken im Keller gewässert. Dazu leitete man den Brandbach zwischen den Häusern kurzerhand um. In der engen Gasse röstete Albert auch die Kaffeebohnen.

Im Januar 1959 jedoch brannte das Haus ab. Alberts Sohn Herbert baute es wieder auf, ins ehemalige Lädele zog eine Apotheke. Das Lebensmittelgeschäft mit Haushaltswaren zog in den oberen Stock, den man ebenerdig vom Münster her betrat. 1981 übernahm die nächste Generation und modernisierte, aus der Edeka-Filiale wurde ein Feinkostgeschäft. Heute bietet Katharina im Bistrot neben dem Tagesbetrieb abwechslungsreiche Veranstaltungen: Das köstliche Valentinsmenü ist unter Romantikern enorm beliebt und bildet einen Glanzpunkt im dunkeln Februar. Auch Sekt-, Wein- und Ginproben, Musikabende und After-Work-Partys sind schon lange kein Geheimtipp mehr. *BH*

Rund 200 Meter entfernt, neben der Kirche den Berg hinunter, liegt der Kurgarten. Im Februar ist er nicht überlaufen und bietet Ruhe.

Titisee-Neustadt

Warum jetzt?
Das zauberhafte Valentinsmenü ist ein Highlight im Februar – auch ideal als Geschenk an diesem romantischen Tag!

Beachten!
Reservieren Sie rechtzeitig, um einen Tisch zu ergattern.

Wann sonst?
Die Martinsgans lohnt eine Einkehr im Herbst. Rund ums Jahr werden Krimiabende veranstaltet.

Narrensprung in Oberndorf
(Fasnet-Dienstag)
Hauptstraße
78727 Oberndorf
a. Neckar

Weinstube i-Dipfele
Kameralstraße 14
78727 Oberndorf
07423 2513

10 Narro und Co.

Historischer Narrensprung

Heute ist Fasnet-Dienstag, in Oberndorf der »höchste Feiertag«. Das Aufstehen fällt leicht, denn um 8.30 Uhr beginnt in der Fasnet-Hochburg der historische Narrensprung. In einem bunten Reigen jucken die Hansel mit ihren freundlichen Knebelbartmasken und die Narros im ölbemalten Weißnarrenkleidle durchs Städtle, und die gemächlich hinkenden Schantle beleben mit Wurst an der Angel zum Abschluss das bunte Bild.

Anja und ihr Mann Marco tragen die historische Bürgerwehruniform der Stadtkapelle, sie spielen Posaune, ihr Vetter zieht den Schantle an, und ihre Schwester Sylvia juckt im Hansel. Die Glocken, die sie an gekreuzten Riemen trägt, schellen laut durchs Haus, und die junge Frau im Narrenkleid strahlt in freudiger Erwartung. Dicht gedrängt stehen die Zuschauer in der Hauptstraße und singen die alt überlieferten Narrenverse, um Bonbons, Brezeln, Orangen oder Würste von den Hansel, Narros und Schantle zu erheischen. Viel zu schnell vergeht der sonnige Tag, nachmittags noch einmal Narrensprung, dann intoniert Anja mit der Stadtkapelle ein letztes Mal den Oberndorfer Narrenmarsch. »Oh jerom, dia Fasnet hot a Loch«, heißt es dann wieder, doch Anja und ihrer Familie bleibt der Trost: 'S goht dagega! – Die nächste Fasnet kommt bestimmt.

Am Abend geht der Hansel Sylvia nach Hause, denn spätestens um 18 Uhr müssen die Narrenglocken schweigen. Das ist ungeschriebenes Gesetz und gehört zur Tradition wie der Narrensprung. *EG*

Im *I-Dipfele*, der Weinstube hinter dem alten Rathaus, sitzt man in urigem Ambiente. Die Elsässer Zwiebelsuppe und das »Haugenlochtröpfle« (ein Kräuterlikör) sind Spezialitäten des Hauses.

Warum jetzt?
Erleben Sie am Fasnet-Dienstag den historischen Narrensprung in einer der Fasnet-Hochburgen!

Beachten!
Denken Sie an eine Stofftasche, um die Gaben der Narren zu verstauen.

Wann sonst?
In der Vorfasnet kann man am Schantlesonntag in den Wirtshäusern die alte Tradition des »Aufsagens« erleben.

Schwarzwaldhaus der Sinne
Schulstraße 1
79865 Grafenhausen
07748 52048

Hallenbad Blubb
Haus des Gastes
Schulstraße 1
79865 Grafenhausen
07748 52044

11 Den Schwarzwald ungetrübt erleben

Schwarzwaldhaus der Sinne

Sehen, handeln, neugierig sein – klingt nach Aktivität, und das erwartet uns im Schwarzwaldhaus der Sinne. Wir sollen aktiv werden, mit allen Sinnen die Umwelt erfassen. Ein Mitmachmuseum – bunt und anregend, insbesondere an trüben Tagen!

»Aha«, werden Sie vielleicht sagen, »Kindergartenpädagogik, aus dem Alter bin ich raus.« Wetten, dass nicht? Können Sie über Glasscherben laufen – barfuß, versteht sich? Sich im Dunkelgang orientieren? Kennen Sie Blumen, die falsche Düfte aussenden? Trauen Sie sich, blindlings in dunkle Kuckucksnester zu greifen? Durch optische Täuschung können Sie Dinge wahrnehmen, die es so nicht gibt. Sogar Töne werden sichtbar gemacht. Gelingt es Ihnen, durch Reibung eine Wasserschüssel so weit in Schwingungen zu versetzen, dass nicht nur ein Ton, sondern ein Springbrunnen entsteht? Gut, es braucht ein wenig Übung. Ein Tipp: Der Ton muss tief sein. Es hilft, die Handflächen abzurunden. Nach drei Versuchen habe ich es geschafft!

Im Schwarzwaldhaus der Sinne wird außerdem dem Rätsel der Zeit nachgegangen. Was ist Zeit? Wussten Sie, dass der Mensch keinen »Zeitsinn« hat und er sich deshalb an Abläufen (Tag/Nacht) orientieren muss? Dass man sie verliert, wenn man versucht, Zeit zu sparen? Nebenbei werden Sie im Raum des Fühlens den Fasnet-Figuren des Rothauserlandes begegnen, wie sich die Gegend um Grafenhausen nennt. Sie verstecken sich im Indoor-Wald. Der Maskenschnitzer Simon Stiegeler war hier tätig. *BH*

Noch ein Tipp bei trübem Wetter: Badehose mitnehmen! Das Untergeschoss des Schwarzwaldhauses beherbergt das Hallenbad *Blubb* mit Sauna.

Warum jetzt?
An Februartagen bietet das Mitmachmuseum Groß und Klein die Chance, den Schwarzwald mit allen Sinnen zu erkunden – wetterunabhängig und ohne lange Warteschlangen!

Beachten!
In der ersten Jahreshälfte ist das Museum donnerstags bis sonntags geöffnet.

Wann sonst?
Auch im Herbst ist das Museum ein idealer Programmpunkt für Schlechtwettertage.

Schwarzwälder Schneeskulpturen-Festival
(erstes Februarwochenende)
Zwischen den Ortsteilen
Innerlehen und Dorf
79872 Bernau
im Schwarzwald
07675 160030

Resenhof
Resenhofweg 2
79872 Bernau
im Schwarzwald
07675 160040

12 Der Zauber des Vergänglichen

Schwarzwälder Schneeskulpturen-Festival

Bagger, Sägen, Schaufeln und Spachteln – wenn sich die Bildhauer im Februar in Bernau treffen, ist schweres Baustellenwerkzeug gefragt. Die Modelliermasse besteh aus meterhohem festem Schnee. Angeliefert werden mächtige Schneewürfel. Nur schwer kann man sich vorstellen, dass daraus kurvige Landschaften und lebendige Figuren entstehen sollen. Doch mit der Zeit verwandeln sich die quadratischen Klötze in vergängliche Kunstwerke: Bären, Zauberer und ganze Welten, die der Fantasie der Künstler entspringen und die der Schnee für eine begrenzte Zeit einfängt. Die Natur entscheidet letztlich, wie lange sie Bestand haben.

Auch heutzutage sind in der weitverzweigten Ortschaft Bernau, am Fuße des Herzogenhorns mit seinen 1.415 Metern, viele stein- und holzverarbeitende Gewerbe anzutreffen. Einst war die Gemeinde die Hochburg des Schneflerhandwerks, der Kunst, Holz auf verschiedenste Art zu bearbeiten. So ist es nicht verwunderlich, dass sich jedes Jahr, meistens am ersten Wochenende im Februar, Schneebildhauerteams in Bernau messen.

Die Freilichtbühne könnte nicht spektakulärer sein. Natürlich, es ist die kälteste Jahreszeit und eine dicke Jacke ein Muss. Doch der frische Wind bringt eindeutig wundervolle Ideen zum Vorschein. Als Besucher kann man die Entstehung der Skulpturen miterleben. Übertroffen wird das Spektakel nur bei Dunkelheit, wenn die Kunstwerke in bunten Farben angestrahlt werden. Das Rot, Blau und Grün der Lichter verfängt sich im strahlenden Weiß, während sich die Nacht über Bernau legt. Ein Rahmenprogramm rundet die Veranstaltung ab.

AL

Zu empfehlen ist der Besuch des 1789 erbauten Resenhofs, das ein Holzschneflermuseum beheimatet.

Bernau

Warum jetzt?
Das Hochtal punktet mit einer großartigen Fernsicht und verbindet an dem Februarwochenende Bergglück mit Schneezauber und Handwerkskunst.

Beachten!
Bei Schneemangel bietet ein Alternativprogramm mit Künstlern abwechslungsreiche Unterhaltung.

Wann sonst?
Bernau besteht aus zehn Ortsteilen, verstreut auf dem sonnigen Hochplateau. Eine Vielzahl an Wegen garantiert im Sommer Wanderglück.

Frühling

Löwenzahnblüte bei St. Märgen

Krokusblüte Zavelstein
(März–April)
Krokusweg Zavelstein
(ganzjährig)
Parkplatz: Fronwaldstraße/
Krokusstraße
75385 Bad Teinach-
Zavelstein
Krokustelefon:
07053 9205045

Café Zavel
Marktplatz 10
75385 Bad Teinach-
Zavelstein

13 Buntes Erwachen

Zavelsteiner Krokusblüte

Farbenpracht, so weit das Auge reicht! Jedes Jahr zwischen Anfang März und Ende April bietet sich für ungefähr zwei bis drei Wochen ein einzigartiges Naturschauspiel auf den Krokuswiesen in Zavelstein. Sobald die Sonne sich gegen die kalten Temperaturen durchsetzt, entfalten sich unzählige Blüten in verschiedenen Blau- und Lilatönen.

Der Wildkrokus »Crocus neglectus«, ursprünglich im Mittelmeerraum beheimatet, ist nördlich der Alpen nur selten zu finden. Daher wirft die Herkunft der Pflanze in Zavelstein Fragen auf. Die Anfänge liegen im Dunkeln, doch eine Geschichte besagt, dass Anfang des 17. Jahrhunderts der damalige Herr der Burg Zavelstein die Blumenzwiebeln von einer seiner zahlreichen Reisen mitgebracht hatte und im Schlossgarten anpflanzen ließ. Flächendeckend verbreitet hat sich der Krokus im Laufe der Zeit mithilfe der Tiere. Sie fressen die Samenstände mit ihrem Futter und scheiden diese unverdaut wieder aus. Auf diese Weise konnten sich die Wildkrokusse rund um Zavelstein vermehren.

Der aktuelle Stand der Krokusblüte kann vorab über das Krokustelefon oder über den Krokus-Liveticker abgefragt werden. Ganzjährig eignet sich der beschilderte Krokusweg zu einem gemütlichen Spaziergang. Er führt rund eineinhalb Stunden circa vier Kilometer durch das Naturschutzgebiet Zavelsteiner Krokuswiesen. In drei Schaukästen vermitteln Bilder der Krokuswiesen Eindrücke zu den unterschiedlichen Jahreszeiten.

DS

Ein Rundgang durch das denkmalgeschützte »Städtle« lohnt sich. Direkt am Krokusbrunnen in der Stadtmitte lockt das Café Zavel mit selbst gebackenem Kuchen und herzhaften Snacks.

Bad Teinach

Warum jetzt?
Jetzt verwandelt die Krokusblüte die Zavelsteiner Wiesen in ein zauberhaftes violettes Meer.

Beachten!
Schauen Sie online nach, ob die Krokusse bereits blühen und das Café geöffnet ist.

Wann sonst?
Ganzjährig informiert der Krokusweg über die Blumen zu den verschiedenen Jahreszeiten.

Museum Frieder Burda
Lichtentaler Allee 8b
76530 Baden-Baden
07221 398980
Park Lichtentaler Allee
Parkhaus:
Kongresshaus
Augustaplatz 3
76530 Baden-Baden
DIE BILDER
DER BRÜDER
EINE SAMMLUNGSGESCHICHTE
DER FAMILIE BURDA

14 Hochkarätige Kunst exklusiv

Museum Frieder Burda

Hochkarätige Werke von Picasso, Miró, Macke, Nolde und anderen herausragenden Künstlern beheimatet das Museum Frieder Burda in Baden-Baden. Während der jahrzehntelangen Sammlerleidenschaft der Familie Burda wurden über 1.000 Werke aus der Klassischen Moderne und der Zeitgenössischen Kunst zusammengetragen. Neben Gemälden befinden sich Skulpturen, Kunstobjekte und Fotografien in der Dauerausstellung.

An der berühmten Lichtentaler Allee entstand Anfang des 21. Jahrhunderts der moderne weiße Bau, der sich harmonisch in die Parklandschaft einfügt. In dem lichtdurchfluteten Gebäude werden auf vier Ebenen wechselnde Themenausstellungen gezeigt. Hierbei werden Leihgaben von anderen Museen oder aus privaten Sammlungen eingebunden, um Abwechslung zu garantieren. Die farbenfrohen Werke des deutschen Expressionismus sind ein Schwerpunkt der Sammlung der Brüder Burda. Im Rahmen öffentlicher oder privater Führungen wird die Kunst anschaulich und auf die Besuchergruppe abgestimmt vermittelt.

Über eine gläserne Brücke ist das Museum mit der Staatlichen Kunsthalle Baden-Baden verbunden. Dazwischen wird ein kleines Café bewirtschaftet, das sich für eine Pause anbietet. Im Untergeschoss des Gebäudes laden Sitzgelegenheiten im Museumsladen zum Verweilen ein. Das Museum Frieder Burda ist ab dem Bahnhof Baden-Baden mühelos mit dem Bus zu erreichen.

DS

Spazieren Sie nach dem Museumsbesuch durch die Lichtentaler Allee entlang des Flusses Oos. Besonders schön ist das Parkgelände nahe der Innenstadt im Frühling, wenn die Krokusse blühen.

Baden-Baden

Warum jetzt?
Nach der Fasnet und vor dem Ansturm im Sommer trübt kein Gedränge den Kunstgenuss. Bei einem anschließenden Spaziergang können Sie die Krokusblüte am Oos genießen.

Beachten!
Am Wochenende empfiehlt es sich, vorab ein Online-Ticket zu erwerben.

Wann sonst?
Auch im oft regenreichen Mai eignet sich das Museum für einen Ausflug. Abseits der Feiertage sind die Wartezeiten überschaubar.

Naturpark Schwarzwald
Mitte/Nord e.V.
Ausgangspunkt:
Haus des Gastes
Hauptstraße 94
77830 Bühlertal
07223 9577150

15 Wenn der Auerhahn ruft

Naturpark Schwarzwald Mitte/Nord

Die Wälder mit dem deutschlandweit höchsten Anteil an Weißtannen finden sich im Schwarzwald. Auf den ausladenden Ästen manch einer alten Weißtanne balzt im zeitigen Frühjahr der Auerhahn. Er galt bereits als gefährdet, doch es war die Natur selbst, die zu seinen Gunsten entschied. Orkan Lothar fegte am zweiten Weihnachtsfeiertag 1999 mit unvorstellbarer Geschwindigkeit breite Schneisen der Verwüstung in die Landschaft. Das Leid der Forstwirtschaft wurde zur Freude der Auerhähne: breite Landebahnen und jede Menge Licht auf dem Boden. Die Förster haben daraus gelernt und schaffen vielerorts lichte Wälder mit reichem Unterwuchs an Beerensträuchern, um die Lebensbedingungen der Vögel langfristig zu sichern.

Doch nicht nur Weißtanne und Auerhahn prägen den Schwarzwald mit seiner kaum zu überblickenden Vielzahl an wertvollen Lebensräumen wie den Karseen oder Kulturlandschaften wie den Grinden, waldfreie Heiden auf den Bergkuppen im Norden. Auch liebliche Bachtäler mit alten Streuobstbeständen oder schroffe Felsformationen sind Rückzugsgebiete für seltene Tier- und Pflanzenarten. Manche spektakulär wie Kolkrabe, Wanderfalke, Uhu oder Luchs, einige echte Raritäten wie Dreizehenspecht oder Sperlingskauz, andere einfach nur klein, unscheinbar und … schön: Blumen, Schmetterlinge, Orchideen, Moose, Farne und Pilze.

Nachdem Fauna und Flora im Winter auf Sparflamme geschaltet haben, erwacht die Natur ab März zum Leben. Schön zu beobachten, aber bitte nicht stören – auf den Wegen bleiben. Der Auerhahn sagt Danke!

BL

Schwarzwald-Guides führen zu den Schätzen des Naturparks und machen mit der Lebenswelt zwischen Wald, Wiese und Weide vertraut.

Bühlertal

Warum jetzt?
Fauna und Flora erwachen aus dem Winterschlaf. Die Natur erblüht und manches Tier, wie der Auerhahn, ist in dieser Zeit besonders aktiv.

Beachten!
Bitte bleiben Sie auf den markierten Wegen.

Wann sonst?
Im Herbst strahlt der Naturpark in leuchtenden Farben und milde Temperaturen laden zu einer Wanderung ein.

Ruine Schauenburg
Burgstraße 29
77704 Oberkirch
Burgwirtschaft:
07802 2253

16 Monat der starken Frauen

Ruine Schauenburg

Sie springt nicht von Weitem ins Auge, wie manch andere Burg im Schwarzwald. Eine Straße führt von Oberkirch durch den Wald bis unterhalb der Ruine. Erbaut unter den Zähringern im 11. Jahrhundert, prägte eine starke Frau zu Beginn die illustre Geschichte der Schauenburg.

Uta von Schauenburg erbte die Burg und brachte sie in ihre Ehe mit Welf VI. ein, was jedoch ihren Vetter erzürnte, der die Anlage daraufhin 1131 belagerte. Zwei Jahre später trennte sie sich vom Gatten und lebte – damals selten für Frauen – als Herzogin auf der Burg. Ein Vetter, Eberhard von Eberstein, erbte die Feste um 1200. In der Folge war sie bis ins 16. Jahrhundert von den Nachfahren, den Ebersteinern und Schauenburgern, bewohnt, bevor sie in den Kriegen des folgenden Jahrhunderts lädiert wurde. Die Schauenburg ging in die Literaturgeschichte ein, denn von 1650 bis 1661 war der Dichter Hans Jakob Christoffel von Grimmelshausen Verwalter der Schauenburger und zeitweise Burggraf. Seit 1731, so verkünden Urkunden, liegt die Burg »gänzlich in Ruinen« – den üblichen Erbfolgekriegen ist's geschuldet.

Um die Burg ranken sich bis heute Sagen, etwa von der weißen Frau, die einem Förster eine sehr alte Münze gab, weil er ihr den Weg ins Tal wies. Das Geldstück verschwand wieder, man prophezeite dem Förster einen baldigen Tod, doch er lebte noch viele Jahre.

Dank angeschlossener Gastronomie ist die Schauenburg heute ein beliebtes Ausflugsziel. Schön ist der Blick ins Rheintal, auf die Stadt Oberkirch und in die Vogesen. Am Parkplatz starten mehrere Wanderwege, darunter der Simplicissimus-Kunstpfad. *MK*

Gute badische Küche genießt man in der angeschlossenen Burgwirtschaft.

Warum jetzt?
Eine starke weibliche Persönlichkeit steht hinter der Schauenburg, die sich im März in Ruhe erkunden lässt.

Beachten!
Von der Ruine gehen unterschiedliche Wanderwege ab. Festes Schuhwerk nicht vergessen!

Wann sonst?
Ende Mai kann man einen Ausflug mit einem Besuch des Oberkircher Erdbeerfests verbinden und den Biergarten im Schlosspark genießen.

Café Zur Alten Kirche
Unterbrändi 7
72290 Loßburg-Unterbrändi
07446 2261

17 Kirschtorte im einstigen Chorraum

Café Zur Alten Kirche

Jetzt, im frühen Frühjahr, bahnen sich die ersten wärmenden Sonnenstrahlen ihren Weg durch das hohe Kirchenfenster im einstigen Altarraum. Ein Kreuz aus rotem Sandstein und die Nische in dem alten Gemäuer, wo einst die Madonnenfigur stand (heute in der Kirche Leinstetten), sind stumme Zeugen der Vergangenheit.

Wilma Werz betreibt die »Alte Kirche« seit 1987 als Wirtschaft. Die »Pfarrkirche der Herrschaft Sterneck und der Herren von Brandeck« war 1777 als Gotteshaus geschlossen, die hölzerne Glockenstube 1814 abgebrochen und das Gebäude als Bauernhaus genutzt worden. Wilma Werz' Vater renovierte es schließlich unter Auflagen des Denkmalschutzamtes und baute es zu einem Restaurant um. Es dauerte 15 Jahre, einem der bedeutendsten Kulturdenkmäler im Kreis Freudenstadt so weit wie möglich wieder sein ursprüngliches Aussehen zurückzugeben.

Am Ortseingang Richtung Leinstetten weist ein Schild den Weg, vom Parkplatz führen einige Meter bergauf zur Terrasse. Von außen grüßt ein hoher Rotsandsteinbau mit Bogenfenstern, doch im Inneren ist die Vergangenheit nicht zu leugnen. Viele Details der hochmittelalterlichen Saalkirche sind wieder sichtbar: Freskenreste an den weißen Mauern, die Säulen und Deckenbalken sowie die aufgemalten Jahreszahlen 1506 und 1549. Und neben der Theke hängt der originale Glockenschlegel an der Wand; die Glocke läutet heute im benachbarten Wälde-Breitenau. Auch die ehemalige Sakristei kann als Gastraum genutzt werden. Wilma Werz backt selbst, an guten Tagen vier bis fünf Schwarzwälder Kirschtorten. *EG*

Verbinden Sie den Besuch mit einem kleinen Spaziergang zur Wallfahrtskirche Zur lieben Frau. Die Route ist beliebt und im März weniger frequentiert.

Loßburg-Unterbrändi

Warum jetzt?
Während im Sommer viele Wanderer das Café bevölkern, herrscht jetzt weniger Trubel, sodass sich die Aura der einstigen Kirche voll entfalten kann.

Beachten!
Das Café ist am Wochenende und an Feiertagen geöffnet. Größere Gruppen sollten sich anmelden.

Wann sonst?
Je nach Saison verwöhnt das Café seine Gäste mit selbst gebackenen Obstkuchen.

Tier-Natur-Erlebnispark
Mundenhof
Mundenhof 37
79111 Freiburg
0761 2016580

18 Fernweh

Tier-Natur-Erlebnispark Mundenhof

Als landwirtschaftliches Gut ist der Mundenhof älter als die Stadt Freiburg. Das Anwesen »Muntinchova« wurde 864 erstmals urkundlich erwähnt. 1968 wurde das Areal als Gehege mit 90 Tieren eröffnet. Ein Schwerpunkt bilden heute Rassen unterschiedlicher Haus- und Nutztiere aus fast allen Kontinenten und ein kleines Exotentableau.

Wer die Weide der Bisons erblickt, meint, der Wilde Westen habe im Schwarzwald Einzug gehalten. Nebenan in der Pampa grasen Lamas und Nandus. Ein gemütlicher Spaziergang über das leicht hügelige Gelände führt von Europa durch einen Bambuswald nach Asien, vorbei am südamerikanischen Steinkreis nach Nordamerika und Afrika, wo sich in der Savanne Zebus und Strauße tummeln. In der »Exotischen Mitte« sind Bewohner des Mundenhofs zu finden, die nicht zu den Haus- und Nutztieren zu zählen sind: Buntmarder, asiatische Javaneraffen, Weißhandgibbons und Erdmännchen. Im Wasserring um das Affengehege leben Wasserschildkröten, und Volieren werden von Sittichen und Uhus bevölkert. In einem der großen Hofgebäude hat der Aquarienverein Freiburg naturnahe tropische Süß- und Salzwasserbecken und einige Terrarien eingerichtet.

Zu den europäischen Nutztierarten gehören das Zackelschaf mit seinen Schraubenzieherhörnern und das Ungarische Steppenrind, das optisch an den ausgestorbenen Auerochsen erinnert. Die Gehege von Ziege und Damwild kann man betreten und auf Tuchfühlung mit den Tieren gehen. Für Gruppen bis zwölf Personen werden nach Anmeldung Ausritte mit Kamelen organisiert.

EG

Die Mundenhofgaststätte im Park ist täglich geöffnet. Nur in den Wintermonaten ist der Betrieb auf das Wochenende und die Ferienzeit beschränkt.

Warum jetzt?
Wenn der nächste Urlaub auf sich warten lässt, kann man auf dem Mundenhof in exotische Gefilde abtauchen. Im März erlebt man die Tiere aus aller Welt ohne Gedränge.

Beachten!
Der Park ist rund um die Uhr geöffnet. Statt eines Eintritts werden Parkgebühren erhoben. Werktags fallen diese günstiger aus.

Wann sonst?
Im Sommer finden Veranstaltungen wie Skulpturenausstellungen oder das Eselfest statt.

Kirnbergsee
78199 Bräunlingen-
Unterbränd

Campingplatz Kirnbergsee
Seestraße 15
78199 Bräunlingen-
Unterbränd
07654 7510

19 Anschwimmen

Kirnbergsee

Der Kirnbergsee bei Unterbränd ist der wärmste See des Schwarzwalds. Wer genauer hinsieht, wird feststellen, dass es sich um einen Stausee handelt. Dieser entstand in den Jahren 1921/22 durch die Brändbachtalsperre, die unter anderem der Stromgewinnung dient.

Zu Ostern organisiert die DLRG-Ortsgruppe traditionell das Anschwimmen. Mutige stellen sich alljährlich der Herausforderung, mindestens 30 Sekunden und maximal drei Minuten im Wasser zu bleiben – das sind die Bedingungen für das Anbaden. Manchmal muss zuvor das Eis auf der Oberfläche geklopft werden, doch oftmals ist das Wasser genauso warm wie die Luft.

Auch eine Umrundung des Gewässers zu Fuß lohnt sich. Auf der Staumauer fällt südlich beim Treppenaufgang zur Überwindung des kleinen Bergsporns ein Stück altes Gemäuer ins Auge. Oben angekommen lockt ein Plätzchen mit Blick über den See. Kaum jemand ahnt, dass es sich dabei um einen ehemaligen Burghof handelt. Denn hier auf dem Kirnberg stand einst eine gleichnamige Festung. Sie war der Herrschaftssitz eines Familienzweigs der Grafen von Zähringen, der die westliche Baar regierte.

Der Badestrand ist unterteilt in zwei Abschnitte: eine teils durch Bäume beschattete Wiesenfläche mit Badesteg und einen Sandstrand. Dazwischen liegt das Vogelschutzgebiet, das nicht betreten werden darf. Dennoch kann man vom Verbindungsweg aus Wildgänse und gelegentlich einen der seltenen Eisvögel beobachten.

BH

Auf der gegenüberliegenden Seite des Badestrandes lädt ein Campingplatz zum Alternativurlaub ein.

Warum jetzt?
Das Anschwimmen im wärmsten See der Region ist ein unvergessliches Erlebnis! In der Nebensaison kann man zudem die Umgebung in Ruhe erkunden.

Beachten!
Auch wenn die Mindestdauer kurz erscheinen mag – fürs Anschwimmen sollte man bester Gesundheit und ein guter Schwimmer sein.

Wann sonst?
Vom 1. Juni bis zum 30. September ist am Kirnbergsee Angelsaison!

Katz'scher Garten
(April–Oktober)
Zugang: Bleichstraße 9
76593 Gernsbach

Schloss Eberstein
Schloss Eberstein 1
76593 Gernsbach

20 Magnolienblüte mit Tradition

Katz'scher Garten

Genießen Sie im April südländisches Flair am Ufer der Murg! Ein Spaziergang durch den Katz'schen Garten entführt Sie in eine andere Welt. Der spätbarocke Park beheimatet neben exotischen Pflanzen zahlreiche Skulpturen aus unterschiedlichen Epochen.

Der Barockgarten liegt etwas versteckt am Rande der Altstadt. Dank des milden Klimas im Murgtal und dem Standort direkt am Wasser wachsen in der historischen Grünanlage außergewöhnliche Pflanzen in mediterraner Umgebung. Blühende Bananenstauden, Säulenzypressen, Granatapfelbäume mit leuchtenden orangefarbenen Blüten und Früchten, Feigenbäume und Palmen sind aus aller Herren Länder zu einem Schmuckstück im Stil oberitalienischer Gärten zusammengetragen worden. Besonders bezaubernd wirkt der Katz'sche Garten, wenn im frühen Frühling die ältesten Magnolien Deutschlands blühen und die ersten Farbtupfer nach den grauen Wintertagen setzen.

Die Magnolienbäume stammen aus dem 19. Jahrhundert. In dieser Zeit wurde der Park von einem italienischen Gartenbauarchitekten angelegt. Beauftragt wurde er von der Murgschifferfamilie Katz, nachdem deren herrschaftliche Villa auf der gegenüberliegenden Flussseite fertiggestellt worden war. Eine Laube, Brunnen, mehrere Kunstobjekte der Gotik, Renaissance, des Barocks und des Jugendstils bereichern die Oase. Sitzgelegenheiten laden zum Ausruhen und Betrachten ein. Eine kurze Treppe führt zu einem schmalen Grünstreifen direkt an der Murg. *DS*

Warum jetzt?
Im Katz'schen Garten blühen jetzt die ältesten Magnolien Deutschlands – ein wunderschönes Naturschauspiel!

Beachten!
Nehmen Sie auf einer der Bänke Platz und genießen Sie den Anblick!

Wann sonst?
Bis in den Oktober ist der Garten geöffnet. In jedem Monat setzen andere Pflanzen Farbakzente.

Über den Dächern von Gernsbach thront hoch über der Murg das Schloss Eberstein. Heute beheimatet es ein Hotel, ein Weingut und ein Restaurant.

Schwarzwälder Kirschtortenfestival
(alle zwei Jahre im April)
Kurhaus Todtnauberg
Kurhausstraße 18
79674 Todtnau
07652 1206 8530

Hängebrücke *Black Forest Line*
Außer Ort 38
79674 Todtnauberg
07671 2519790

21 Naschen erlaubt!

Schwarzwälder Kirschtortenfestival

Meterdick luftig-lockere Sahne und fein gehobelte Zartbitterschokolade … Das schlechte Gewissen lassen wir lieber zu Hause, denn Kalorienzählen ist in Todtnauberg nicht angesagt – zumindest nicht beim Schwarzwälder Kirschtortenfestival, das alle zwei Jahre stattfindet.

An dem Sonntag im April beantwortet eine fachkundige Jury die Frage, wer die beste Torte im Ländle bäckt. Die Konditor- und Küchenmeister bewerten die Kriterien Optik, Handwerk und Geschmack. Teilnehmen können Amateur-Patissiers sowie Profibäcker. Eins haben alle gemein: Sie sind der wohlproportionierten süßen Schwarzwälderin verfallen. Doch fürs Schwärmen und genüssliche Sinnieren bleibt den Konditoren keine Zeit. Für die Fertigstellung der Torte wird ihnen lediglich 20 Minuten eingeräumt. Ganz schön wenig, wenn man mit Sahne hantiert. Den dunklen Biskuitboden, wahlweise einen Mürbeteigunterboden, die Kirschen für die Füllung, die Dekoration sowie alle Werkzeuge bringen die Teilnehmer selbst mit. Die Sahne, die Konfitüre und das Schwarzwälder Kirschwasser werden zur Verfügung gestellt, ebenso die Rührmaschinen und den Sahnebläser.

Das Publikum kann die Wandlung der Zutaten in ein Backkunstwerk mitverfolgen. Das Besondere daran? Es darf probiert werden. Unsere Gabel versinkt wie ferngesteuert in der sahnigen Wolke. Eine Geschmacksexplosion, und wir verstehen, warum unsere kulinarische Botschafterin weltweit berühmt ist. Mit ihrem Verzehr tragen wir demnach zu ihrem Weltruhm bei und erledigen unsere Schwarzwälder Genusspflicht. Lecker! *AL*

Auf der Hängebrücke *Black Forst Line* können Unerschrockene 100 Meter über einem Wasserfall schweben.

Todtnauberg

Warum jetzt?
Im April lockt Todtnauberg mit süßer Verführung und einer Vielzahl an Wandermöglichkeiten für die ausgleichende sportliche Betätigung.

Beachten!
Die Torten werden im Anschluss für einen guten Zweck verkauft. Auch andere kulinarische Spezialitäten der Region stehen zum Angebot.

Wann sonst?
Todtnauberg bietet Aktivurlaub, Schlemmen und Erholung. Einen besonderen Zauber versprüht der Ort im Schnee.

Berlins KroneLamm
Marktplatz 1–3
75385 Bad Teinach-
Zavelstein
07053 92940

22 Frühlingsfest mit Spargel

Berlins KroneLamm

Der Blick reicht über den Rötenbach hinüber zu den waldigen Höhen des Nordschwarzwalds, zur Stauferburgruine und zur Wolfsschlucht. Ob vom Außenpool des Wellnessbereichs oder von der Panoramaterrasse – die Aussicht in *Berlins KroneLamm* ist unbezahlbar.

Dessen ist sich auch Küchendirektor Franz Berlin bewusst. Während die »regionalen Genüsse« seine Sterneküche im Gourmetrestaurant *Berlins Krone* auszeichnen, sind die »traumhaften Aussichten« ein Markenzeichen des *Berlins Lamm.* Dieses Naturparkrestaurant leitet Roland Berlin. Die Küche offeriert »Schmeck den Süden«-Spezialitäten wie heimisches Wild, Schnitzel vom Schwarzwälder Schweinerücken oder »Krone-Maultaschen«. Einen Höhepunkt im kulinarischen Kalender bildet die Spargelsaison ab Mitte April, wenn Sternekoch Franz Berlin exklusive Gerichte wie »Spargeltörtchen aus weißem und grünem Spargel« oder »Spargelsuppe mit Erdbeer-Salsa und Wasabi-Forelle« zaubert. Das heimische Gemüse kommt dafür aus dem nur 30 Kilometer entfernten Bondorf und die Forellen aus dem Würzbachtal in Bad Wildbad.

Begonnen hat die Geschichte, als Rolf und Gudrun Berlin 1989 das Wanderheim in Zavelstein pachteten, später den Dorfgasthof Krone erwarben und schließlich mit dem benachbarten *Höhengasthof Lamm auf dem Zavelstein* zu *Berlins Hotel KroneLamm* fusionierten. Das nur 900 Meter vom Hotel entfernte Wanderheim mit seinem Biergarten ergänzt seit 2005 wieder den Hotelbetrieb und bietet neben Schwarzwaldspezialitäten auch Grillevents, Fondue und Hüttenparty. *EG*

Der Wellnessbereich *Königreich der Sinne* ist in der Gestaltung der Zavelsteiner Burgruine nachempfunden.

Warum jetzt?
Mitte April beginnt die Spargelsaison! Genussliebhaber sollten die exklusiven Kreationen im Gourmetrestaurant nicht verpassen.

Beachten!
Am besten reservieren Sie vorab!

Wann sonst?
Je nach Saison überzeugt *Berlins Lamm* mit unterschiedlichen frischen regionalen Gerichten.

Park der Sinne
Oberer Kirchweg
79410 Badenweiler
Tourist-Information Badenweiler
Schlossplatz 2
79410 Badenweiler
07632 218960

23 Antennen auf Empfang

Park der Sinne

Verblüffende Objekte stellen unsere Wahrnehmung im Park der Sinne in Badenweiler auf die Probe und manche Überzeugung auf den Kopf. An 22 Stationen in der frei zugänglichen Grünanlage sowie an zwei weiteren im Ort erfahren wir neue Sinneserlebnisse.

Die Exponate fordern unser Bewusstsein heraus. Sie sind in vier Achsen angeordnet, die jeweils die einzelnen Wahrnehmungsbereiche thematisch bündeln. Direkt am Eingang beginnt die Sehachse. Kreisformen in Schwarz und Weiß entwickeln sich in ständigen Drehungen zu dreidimensionalen Kratern, während ein Glasprisma die Umwelt in völlig neuen Farben erstrahlen lässt. Ein »Fernseher« lenkt unseren Blick in die Weite der Landschaft. Die Hör- und Resonanzachse spricht unser Miteinander an, bei dem Botschaften und Aktionen gesendet und empfangen werden. Streichen wir am Klangzaun im richtigen Takt entlang, ist die Melodie eines bekannten Kinderliedes zu erkennen. Hören wir an der Partnerschaukel aufeinander, werden wir durch aneinander gekoppelte Bewegungen in Schwingungen versetzt.

Bei der Gleichgewichts- und Tastachse erkennen wir unsere Verbundenheit zur Erde. In der Mitte der Grünanlage befindet sich schließlich die Ich-Achse, an der wir uns in einem Labyrinth und auf dem Duftweg mit unserer eigenen Person auseinandersetzen. Vor dem Streifenspiegel vermischt sich unser Konterfei mit dem anderen, das Spiegelbild ähnelt uns und ist uns doch fremd. *DS*

Von April bis Oktober finden am Wochenende interessante Führungen durch den Park statt. Informieren Sie sich bei der Tourist-Information Badenweiler.

Warum jetzt?
Mit dem Einzug des Frühlings wird unsere Wahrnehmung angeregt. Endlich wieder ab nach draußen und alle Sinne schärfen!

Beachten!
Ab April bietet die Tourist-Information Führungen an.

Wann sonst?
Im goldenen Herbst kann man im Park noch mal Energie tanken, bevor die dunkle Jahreszeit anbricht.

Steinwasen-Park
Steinwasen 1
79254 Oberried
07602 944680

24 Freie Fahrt!

Steinwasen-Park

»Papa, können wir noch mal fahr'n?« Die siebenjährige Jacqueline zieht am Ärmel ihres Vaters. Der lässt sich nicht lange bitten. Auf dem Schauinsland bei Freiburg bietet der Steinwasen-Park neben Fahrattraktionen mehrere Wildgehege, ein Kino und Spielmöglichkeiten.

Zum Rodelbahnstart gleiten Jacqueline und ihr Papa im Sessellift über Damhirsche und Wildschweine hinweg zur Bergstation, denn der Park ist eine gelungene Mischung aus Zoo und Abenteuerspielplatz. Oben angekommen, entscheidet sich Jacqueline für eine der beiden jeweils 800 Meter langen Strecken. Eine Bahn ist überdacht und schützt vor unbeständigem Wetter. Für Abwechslung sorgt die Coasterbahn, bei der die Rodel automatisch von der Tal- zur Bergstation befördert werden. Auf der einen Kilometer langen Abfahrt kann jeder das Tempo selbst bestimmen.

Ungewöhnlich ist die Vogelperspektive von der über 200 Meter langen Erlebnisseilbrücke in 30 Meter Höhe. »Die schwankt ganz schön«, meint Jacqueline lachend, während sie das Hirschrudel beobachtet. Auch einige »Exoten« wie Ren und Murmeltier haben hier eine Heimat gefunden. Möchten sich die beiden aufwärmen, können sie einen Zwischenstopp im über 1.000 Quadratmeter großen Indoor-Spielplatz einlegen oder das Märchen- oder das Interaktive Kino besuchen. Wetterunabhängig ist auch der Spacerunner, bei dem der Bob durch den Kanal flitzt. Jacqueline tuckert lieber mit der Schwarzwaldbahn durch die nachgebaute Landschaft. Und danach noch mal zur Rodelbahn! *EG*

Wer es rasant mag, stürzt sich in den Riesenzubern der Wasserrutsche *Riversplash* ins feuchte Vergnügen.

Warum jetzt?
Rasant den Frühling willkommen heißen – ohne lang zu warten! Bei unbeständigem Wetter kann man auf eine überdachte Rodelbahn und die Indoor-Angebote ausweichen.

Beachten!
Die Webcam auf der Website des Parks verrät die aktuellen Wetterverhältnisse vor Ort.

Wann sonst?
Die Wasserattraktionen sind immer geöffnet. Im Sommer sorgen sie für willkommene Erfrischung. Allerdings sollte man Wartezeiten einplanen.

Feldberg/-bahn
(Mai–November)
Talstation:
Dr.-Pilet-Spur 17
79868 Feldberg
07676 933610
www.feldbergbahn.de

25 Das Dach des Südschwarzwalds

Feldberg

Auf den höchsten Gipfel des Schwarzwalds bringt Sie schnell und bequem die Feldbergbahn. In geschlossenen Kabinen schweben Sie der 1.493 Meter hohen Spitze entgegen. Schon auf der Fahrt lässt sich erahnen, welch herrlicher Ausblick einen erwartet. Der Südschwarzwald mit dem Titisee und dem Schluchsee liegt einem zu Füßen, bei schönem Wetter und klarer Sicht raubt einem das herrliche Alpenpanorama vom Mont Blanc bis zur Zugspitze den Atem. Besonders eindrücklich zeigt sich die Landschaft in ihrer Farbenpracht im Frühling.

Möchten Sie noch höher hinaus, befördert Sie ein Aufzug in den elften Stock des Feldbergturms zu einer Aussichtsplattform. Auf der untersten Ebene widmet sich ein Museum einer kulinarischen Spezialität der Region: dem Schwarzwälder Schinken. Im Turm zieht die Dauerausstellung eines heimischen Fotokünstlers die Blicke auf sich, bei der alte Schwarzwälder Trachten in modernem Glanze in Szene gesetzt werden.

Rund um die Bergstation der Bahn können zahlreiche gut ausgeschilderte Pfade zu einer kurzen oder längeren Wanderung genutzt werden. Sie weisen nur leichte Steigungen auf, jedoch erfordert oft kleineres Geröll Aufmerksamkeit. Ein Rundgang führt zu malerischen Aussichtsplätzen auf dem Gipfel. Wer eine Herausforderung sucht, kann den ungefähr 2,5 Kilometer langen *Feldberg-Bergab-Weg* mit Blick ins Wiesental bis zur Talstation hinuntergehen. Dort können Sie auch in eines der Restaurants und Cafés für eine Stärkung einkehren. *DS*

Bitte bedenken Sie, dass Sie sich in einem Naturschutzgebiet bewegen. Bleiben Sie bitte auf den ausgewiesenen Pfaden und hinterlassen Sie keinen Abfall.

Warum jetzt?
Im Mai nimmt die Feldbergbahn den Betrieb auf. Wenn die Landschaft am Fuße des Berges in satten Farben erblüht, zeigt sich das Panorama besonders malerisch.

Beachten!
Auf dem Gipfel kann immer raues Klima herrschen. Denken Sie an warme Kleidung und Sonnenschutz!

Wann sonst?
Im November, wenn andere die Saison bereits beendet haben und Nebelschwaden die Täler durchziehen, genießt man auf dem Feldberg klare Sicht.

Museumszug Rebenbummler
(Mai–Oktober)
Ausgangspunkt:
Bahnhof Endingen
Carl-Loesch-Straße 4
79346 Endingen
am Kaiserstuhl

Altstadt Endingen
Ausgangspunkt:
Marktplatz
79346 Endingen
am Kaiserstuhl

26 Zugfahrt durch ein Blütenmeer

Fahrt mit dem Rebenbummler

Erleben Sie eine abwechslungsreiche Fahrt mit einer nostalgischen Eisenbahn auf einer der landschaftlich reizvollsten Strecken des Landes! Der Museumszug Rebenbummler folgt ab Endingen der alten Kaiserstuhlbahnlinie zwischen Riegel und Breisach. Zu Beginn, auf der Nordseite des einstigen Vulkans, ziehen satte Felder und Wiesen vorbei, bevor der Zug in Richtung Süden die berühmten Weingänge des Kaiserstuhls durchstreift. Schon bald eröffnet sich die Aussicht zum Rheintal hinunter und darüber hinaus ins Elsass und manchmal bis zu den Vogesen, bis schließlich in Breisach der Rhein erreicht wird.

Der historische Rebenbummler fährt auf seiner einstigen Stammstrecke mit zum Teil über 100 Jahre alten Waggons mit offenen Plattformen und überwiegend originalen Holzbänken. In einem gemütlichen Barwagen können Passagiere bei heimischem Wein vom Kaiserstuhl, einem Riegeler Bier oder einem alkoholfreien Getränk die Aussicht durch die Fenster auf malerische Landschaft genießen. Bemerkenswert schön zeigt sich die Gegend im Frühling zur Obstbaumblüte. Blickfang ist ebenfalls die Schwendiburg nahe dem Winzerstädtchen Burkheim.

Regelmäßig werden Erlebnis-, Bummel- oder Genießerfahrten mit Bewirtung angeboten. Je nach Gusto bieten sich verschiedene Fahrten an, im April und Mai beispielsweise der Spargelexpress, bei dem das erntefrische Gemüse genossen werden kann. *DS*

Bummeln Sie nach der Zugfahrt durch die historische Altstadt von Endingen. Nach der Erkundung der kleinen Geschäfte und charmanten Fachwerkhäuser laden Cafés und Restaurants zum genüsslichen Ausklang ein.

Warum jetzt?
Zur Obstbaumblüte zeigt sich die Landschaft von ihrer reizvollen Seite. Weiße und rosa Blüten säumen einen Großteil der Strecke.

Beachten!
Für thematische Fahrten am besten online reservieren.

Wann sonst?
Im Herbst tauchen die rot leuchtenden Reben die Gegend in ein warmes Licht – die ideale Kulisse für die Themenfahrt Rollende Weinprobe!

Schluchseelauf
(zweites Maiwochenende)
Start und Ziel:
Schluchseehalle
Faulenfürster Straße
79859 Schluchsee

Aussichtspunkt Bildstein
Ausgangspunkt:
Bahnhof Aha

27 18 Kilometer Glücksgefühle

Schluchseelauf

Nirgends im Schwarzwald ist man dem Meer so nah wie am Schluchsee. Das größte Binnengewässer der Region wirkt wie ein blauer Ozean inmitten eines grünen Tannenmeers. Die perfekte Szenerie für Sportbegeisterte. Ob Wanderer, Radfahrer, Schwimmer, Gleitschirmflieger – die Gegend ist ein Eldorado für Aktive, das die Mühen mit Fernblicken auf die umliegenden Berge belohnt.

Wer die gesamte Schönheit der Landschaft intensiv aufnehmen möchte, der hat im Mai eine wunderbare und gleichzeitig konzentrierte Möglichkeit dazu: beim alljährlich stattfindenden Schluchseelauf. Zugegeben, die Gesamtstrecke von 18,3 Kilometer ist lang, das Rennen auf 1.000 Höhenmeter anstrengend. Die Waden brennen, die Füße schmerzen. Doch das Laufen inmitten eines beeindruckenden Teilnehmerfelds voller Gleichgesinnter motiviert ungemein, und das Anfeuern der Zuschauer tut sein Übriges. Und am Ziel angekommen, ist eins sicher: Wir empfinden ein Feuerwerk an Glücksgefühlen.

Der Traditionslauf findet seit 1984 statt. Ein Großteil der Strecke ist auf Naturwegen angelegt, den reizvollen See behält man fast immer im Blick. Mitmachen kann jeder, der sich fit genug fühlt. Natürlich gibt es sehr ambitionierte Teilnehmer, die wir gerne vorneweg eilen lassen. Doch auch viele Freizeitsportler, die sich vornehmlich darüber freuen, in der schönen Natur des Schluchsees zu laufen, begleiten uns. Angeboten werden auch eine Kurzstrecke über 10 Kilometer, Juniorenläufe sowie eine Nordic-Walking-Strecke. Zur Abkühlung lockt der Stausee, doch Vorsicht: Mit seiner Wassertiefe bis zu 60 Meter ist das Wasser überraschend kalt. *AL*

Für Zuschauer und alle Läufer, die noch Energie haben, lohnt der Aufstieg von Aha zum Aussichtspunkt Bildstein mit fantastischem Blick auf den Schluchsee.

Schluchsee

Warum jetzt?
Der perfekte Lauf, um fit in den Frühsommer zu starten und das Sportlereldorado zu besuchen. Es weht ein frischer Wind, der für Abkühlung sorgt.

Beachten!
Eine frühe Anmeldung ist ratsam. An dem Tag des Laufs ist ein Anreisen mit der Höllentalbahn statt mit dem Auto zu empfehlen.

Wann sonst?
Die Umgebung ist ein perfektes Wandergebiet. Im Sommer lockt ein erfrischendes Bad im See.

Schwarzwald
Musikfestival
Lauterbadstraße 5
72250 Freudenstadt
07441 5204200

28 Klänge in der ganzen Region

Schwarzwald Musikfestival

Was haben die historische Trinkhalle in Bad Wildbad, die terrassierte Uhrenfabrik Junghans in Schramberg, das ehrwürdige Kolleg in Sankt Blasien oder die romanische Münsterkirche in Klosterreichenbach gemein? Sie sind einige der herausragenden Spielstätten des Schwarzwald Musikfestivals. Für eine Nacht verwandeln sie sich in besondere Konzertsäle und verzaubern das Publikum.

Was vor vielen Jahren lokal in Freudenstadt begann, hat sich zu einem regionalen Schwarzwald-Event mit vielen Größen der vornehmlich klassischen Musik gewandelt. Von Ettlingen bis Sankt Blasien, von Pforzheim bis Hinterzarten – der Wonnemonat Mai steht ganz im Zeichen der Musik. An ungewöhnlichen Spielorten finden abwechslungsreiche Veranstaltungen statt, die von Oper über Vokalsoloauftritten und Kammermusik bis zu Streichquartetten reichen. Doch nicht nur Klassikliebhaber kommen auf ihre Kosten. Viele Genres runden das vielfältige Programm im gesamten Schwarzwald ab. Manchmal ertönen rhythmische Jazzklänge, bekannte Filmmusik oder Rockrhythmen. Von Verdi bis ABBA, für alle Geschmäcker ist das Passende dabei, vorgetragen von Stars und Künstlern auf höchstem Niveau. Kombiniert mit einem markanten Veranstaltungsort, von romantischen Schwarzwaldhöfen bis zu futuristischen Werkshallen, ist das Musikfestival ein besonderes Ereignis.

Jedes Jahr wechselt nicht nur das Programm, sondern auch die Spielstätten werden ausgetauscht. Und so berauscht immer wieder Überraschendes Ohren und Augen. *AL*

Unter dem Motto »Kinder entdecken Klassik« werden für die Jüngeren interaktive Workshops mit Musik zum Anfassen und Staunen veranstaltet.

Warum jetzt?
Im Mai kann man den gesamten Schwarzwald musikalisch vielseitig erkunden und besondere Schauplätze entdecken.

Beachten!
Jedes Jahr wechseln Programm und Spielstätten. Auf der Website des Festivals kann man sich vorab informieren.

Wann sonst?
Im September und Oktober steht der Nordschwarzwald im Zeichen des Jazz. Beim *BlackForestJazz* werden Konzerte an verschiedenen Locations gespielt.

Spaziergang durch Schramberg
Ausgangspunkt:
Rathaus Schramberg
Hauptstraße 25
78713 Schramberg
07422 29215

Park der Zeiten
Bauernhofweg
78713 Schramberg

29 Mit der »Sonnenuhr«

Die Fünftälerstadt

Die Zeit ist in Schramberg nicht stehen geblieben, aber sie ist allgegenwärtig, sei es an der fast 100-jährigen astronomischen Sonnenuhr am Rathaus oder der für die Pariser Weltausstellung 1900 gefertigten, über vier Meter hohen Kunstuhr im Stadtmuseum. 1861 gründete Erhard Junghans d. Ä. die weltbekannte Uhrenfabrik, sechs Jahre später gingen Federzuguhren in Serie, also mechanische Räderuhren, die mithilfe einer Feder angetrieben wurden. Zur Wende ins 20. Jahrhundert galt Junghans bereits als größte Uhrenfabrik der Welt.

Die herrschaftliche Villa des Junghans-Sohnes Erhard ist heute Hotel und Restaurant im Park der Zeiten. Man sollte sich in der Tat die Zeit nehmen, sich auf der »Sonnenbank« zur Sonne zu drehen oder sich im Rosengarten die Zeit von der »präzisesten Sonnenuhr der Welt« anzeigen zu lassen. Im Mai wecken Wärme und Licht die Sinne. Über 100 Jahre alte Rhododendren verwöhnen mit ihrer prächtigen Blüte und betörendem Duft. Im Schatten gigantischer Mammutbäume locken im englischen Landschaftspark am Sonnenberg Spielelemente für Groß und Klein, lebendig gestaltete Naturlehrtafeln sowie Wasserspiele zu ausgelassenen Momenten unter freiem Himmel.

Sollte das Wetter unbeständig sein, laden drei Museen auf 7.000 Quadratmetern im Technologie- und Gewerbepark H.A.U. (Hamburg-Amerikanische Uhrenfabrik) unter dem Motto »Auto & Uhrenwelt« zu Entdeckungen von Zeit und Mobilität ein: das Dieselmuseum mit dem größten Dieselmotor aus der Zeit vor dem Ersten Weltkrieg, die Autosammlung Steim und das Auto- und Uhrenmuseum *Erfinder-Zeiten*. *EG*

Genießen Sie den Ausblick auf die Fünftälerstadt von der Ruine Hohenschramberg aus.

Warum jetzt?
Die Frühsommersonne begleitet einen Spaziergang, während im Park der Zeiten blühender Rhododendron alle Sinne anspricht.

Beachten!
Der Touristenstrom ist im Mai noch nicht vollständig angekommen, dennoch kann es an den Feiertagen voll werden.

Wann sonst?
Einmalig ist am Fasnet-Montag das »Da-Bach-Na-Fahra«. In fantasievoll gestalteten Waschzubern geht es »den Bach hinab«!

Oberkircher Erdbeerfest
Innenstadt Oberkirch
77704 Oberkirch
07802 82600

Ruine Schauenburg
Burgstraße 29
77704 Oberkirch
07802 2253

30 Rote Leidenschaft

Erdbeerfest

Schwimmend im Sekt, geraspelt auf einem Flammkuchen oder unter einer Wolke aus Sahne … Das ist längst nicht alles im Reich der beerigen Versuchungen: Auf Kindergesichtern gemalt, in Live-Kochshows eingesetzt oder als heilende Naturseife verarbeitet – ganz Oberkirch färbt sich Ende Mai rot, denn in der sonnigen Ortenau ist der »Königin der Beerenfrüchte« ein opulentes Fest gewidmet.

Zu diesem Anlass verwandelt sich die Innenstadt zu einer roten Festmeile mit vielfältigem Rahmenprogramm. Zahlreiche Stände bieten kulinarische Genüsse, und dabei ist die beerige Bandbreite gewaltig. Nicht nur klassisch süße Varianten wie Erdbeereis oder -kuchen werden feilgeboten, sondern auch herzhafte Gerichte wie Erdbeer-Spargel-Salat. Und wenn man sich schon nicht durch alle Stände durchprobieren kann, so kann man zumindest Anregungen für zu Hause mitnehmen. Natürlich lassen sich für die kreative Küche daheim tonnenweise frische Erdbeeren kaufen. Ein Handwerkermarkt, Open-Air-Konzerte und Stadtführungen vervollständigen die Feierlichkeiten. Auch für die jungen Besucher ist gesorgt: Mal- und Bastelstationen, Kinderschminken und Karussell lassen kleine Herzen höherschlagen.

Die Stadt Oberkirch liegt in der sonnenverwöhnten Ortenau, einer der bedeutendsten Anbauregionen für Beerenobst in Baden-Württemberg. Die Königin läutet unsere heimische Beerensaison ein. Es folgen Himbeeren, Brombeeren, Heidelbeeren und alle weiteren Vertreter der Familie der Rosengewächse. Aus regionalem Anbau, ohne lange Transportwege, schmecken die Beeren aus der Ortenau unvergleichlich frisch und fruchtig! *AL*

Wahrzeichen der Stadt ist die Schauenburg mit Blick auf die Rheinebene. Das Straßburger Münster thront in der Ferne und dahinter erheben sich die Vogesen.

Oberkirch

Warum jetzt?
Den Frühsommer mit allen Sinnen genießen – genau das bietet das Erdbeerfest in der sonnigen Ortenau.

Beachten!
Ende April sind genaue Informationen zum Programm online abrufbar.

Wann sonst?
Der Frühling ist ideal für eine Wanderung in der Ortenau, wo bereits milde Temperaturen herrschen und die Obstblüte für großartige Ansichten sorgt.

Mühlenweg bei Ottenhöfen
Ausgangspunkt:
Kurgarten
Am Bahnhof
77883 Ottenhöfen

31 Schwarzwälder Handwerkskultur

Mühlenweg

Historische Mühlen schmücken vielerorts die malerische Landschaft des Schwarzwalds. In idyllisch gelegenen Dörfern fließen zahlreiche Bäche, deren Wasserkraft einst genutzt wurde, um Korn zu mahlen. Heute beheimaten die alten Mühlen oft eine Wirtschaft oder ein Lädle, in dem regionale Erzeugnisse angeboten werden.

In Ottenhöfen, dem »Dorf der Mühlen«, verbindet der Mühlenweg nicht weniger als acht restaurierte Schwarzwälder Mühlen miteinander, darunter die am Hagenstein und die Schulze-Bure-Mühle. Idealerweise erkundet man die Mühlen als Teil der traditionellen Kulturlandschaft am Pfingstmontag. Dieser Tag wurde als »Deutscher Mühlentag« ausgerufen, an dem viele der historischen Bauwerke auch von innen besichtigt werden können. Der beliebte Rundwanderweg ist zudem im Frühjahr noch nicht stark frequentiert und führt durch die Einsamkeit reizvoller Seitentäler.

Rund zwei Kilometer entfernt, am Fuße der Hornisgrinde, liegt in Seebach die malerische Deckerhof-Mühle direkt am Seebächle. Meist halten dort Wanderer auf dem Weg ins Höhengebiet für einen Zwischenstopp an. Sie vereint Handwerk aus früheren Zeiten, das damals den Bewohnern das tägliche Brot sicherte, und Technik dieses Jahrhunderts, die durch erneuerbare Energie aus Wasserkraft zum Klimaschutz beiträgt. Der »Bach aus dem See« gab dem Ort Seebach den Namen. Gemeint ist natürlich der Mummelsee, dessen Wasser das Seebächle speist. Der Gebirgsbach muss immerhin noch 700 Höhenmeter talwärts rauschen, bevor er im Ort in die Acher mündet. *EG*

In Ottenhöfen geht's bergauf zum einzigen Klettersteig im Schwarzwald, dem Karlsruher Grat. Das Durchsteigen erfordert gutes Schuhwerk und Kondition.

Ottenhöfen

Warum jetzt?
Am Pfingstmontag sind am »Mühlentag im Schwarzwald« viele Mühlen von innen zu besichtigen.

Beachten!
Bei der Tourist-Information können Sie für den Nachwuchs eine Natur-Rallye-Karte und einen Forscherrucksack ausleihen.

Wann sonst?
Auch im Spätherbst ist die Gegend weniger frequentiert und die Ursprünglichkeit des Schwarzwalds erlebbar.

Sommer

Blick vom Hochfirst zum Titisee

Storchenturm-Museum
(April–Oktober)
Hauptstraße 19
77736 Zell am
Harmersbach

Zeller Keramik Manufaktur
Hauptstraße 2
77736 Zell am
Harmersbach
07835 7860

32 Wenn der Adebar klappert

Storchenturm

Zell am Harmersbach, 1139 erstmals erwähnt, erlebte ein historisches Kuriosum. Die Reichsstadt mitsamt dazugehörigem Tal war die einzige freie Bauernrepublik des Heiligen Römischen Reiches Deutscher Nation, unterstand also direkt dem Kaiser. 1718 wurde das Tal von Zell unabhängig, die politischen Gegebenheiten waren kompliziert, denn mit Offenburg und Gengenbach war Zell zwischenzeitlich an das Bistum Straßburg verpfändet und wieder ausgelöst worden.

Von der Geschichte erzählen die vielen Gebäude, allen voran der Storchenturm, das über 700 Jahre alte errichtete Wahrzeichen der Stadt. 1330 wurde er mit 25 Metern als höchster Turm der Stadtbefestigung errichtet und überragte eines der drei Tore. Die bis zu 1,5 Meter dicken Mauern bestehen vorwiegend aus Bruchsteinen. Zeitweilig diente der Turm als Gefängnis.

Heute geht es friedlicher zu, das Bauwerk dient als Heimatmuseum. Auf 800 Quadratmetern Fläche lernt der Besucher anhand von etwa 3.000 Exponaten reichlich über die eigenwillige Stadtgeschichte, über Handwerk und Brauchtum. Den schönsten Anblick bietet das Gebäude im frühen Sommer, wenn sich das Storchenpaar auf der Turmspitze um seinen Nachwuchs kümmert – der Name kommt nicht von ungefähr.

Wer vom Stadtinneren durch das Tor nach außen geht, entdeckt südseitig auf halber Höhe einen Reichsadler. Der Stein ist ein Relikt des 1879 abgerissenen Untertors. Auch die *Arme-Sünder-Glocke*, die auf dem Storchenturm thront, befand sich ursprünglich dort. *MK*

Am Ortseingang liegt die *Zeller Keramik Manufaktur* samt Museum. Hier wird das berühmte Geschirr mit dem Motiv »Hahn und Henne« hergestellt.

Warum jetzt?
Nach der Brutzeit können ab Juni die frisch geschlüpften Storchenjungen beobachtet werden.

Beachten!
Das Museum im Turm hat nur an bestimmten Tagen geöffnet. Vorab auf der Website der Stadt informieren!

Wann sonst?
Im Frühling kann man den Störchen beim Brüten zusehen, während der Kirschbaum in voller Blüte steht.

Horber Ritterspiele
(drittes Juniwochenende)
Untere Altstadt
entlang des Neckars
72160 Horb am Neckar
07451 901200

33 Mittelalter zum Eintauchen

Horber Ritterspiele

Als wären wir in einer Zeitmaschine gelandet. Wir werden in das Mittelalter katapultiert, genauer gesagt in die Zeit von König Maximilian, später Kaiser des Heiligen Römischen Reichs, der 1498 mit dem Horbener Vertrag einen Erbfolgestreit schlichtete. Zu diesem Anlass feiert Horb am dritten Wochenende im Juni ein Mittelalterspektakel der Superlative.

Hübsche Edelfrauen in prachtvollen Gewändern, Edelleute hoch zu Ross, kämpfende Ritter mit schwerer Rüstung, Gaukler, Spielleute und Marktbeschicker; ein buntes Volk, das uns in eine andere Welt eintauchen lässt. Die Kulisse könnte nicht traumhafter sein: Das historische Städtchen mit seinen Fachwerkhäusern und verwinkelten Straßen und das sonnige Ufer des Neckars dienen als gigantische Theaterbühne. Im Ritterlager können wir dem Schmied beim Hämmern auf dem Amboss zusehen, mit Gänsehaut die Werkzeuge eines Baders begutachten oder uns die Zukunft aus der Hand lesen lassen. Fröhliche Musikklänge und ein herrlicher Bratenduft durchziehen die Altstadt und begleiten uns das Wochenende.

Auf der Hauptbühne wird an beiden Wochenendtagen das Historienspiel aufgeführt, anschließend schreitet König Maximilian mit seinem Gefolge durch die Stadt, um auf dem Turniergeviert den Ritterturnieren beizuwohnen. Eine tollkühne und wagemutige Vorstellung, bei der sich die Ritter rasante Schaukämpfe liefern. Kinderritterspiele und ein mittelalterlicher Markt ergänzen das fröhlich-bunte Programm. *AL*

Man sollte unbedingt Zeit für das Erkunden der historischen Altstadt einplanen. Verwinkelte Gassen und viele Treppen führen in den oberen Teil des Ortes, in dem bunte Fachwerkhäuser stehen.

Warum jetzt?
Mit Herz und Seele veranstalten die Horbener die Ritterspiele, eine fröhliche Gute-Laune-Veranstaltung in authentischer Kulisse.

Beachten!
Von den ausgewiesenen Parkplätzen bis zum gut besuchten Festivalgelände ist Laufen angesagt. Am besten reist man mit der Bahn an.

Wann sonst?
Horb ist kokett und pittoresk. Im Juli und August kann man bei Höchsttemperaturen entspannt am Neckar entlangflanieren.

Schloss Bürgeln
(Februar–Dezember)
79418 Schliengen
07626 237

Restaurant Schloss Bürgeln
Schloss Bürgeln 1
79418 Schliengen
07626 293

34 Mit allen Sinnen

Schloss Bürgeln

»Dem Himmel näher« ist die Devise auf Schloss Bürgeln im Markgräflerland. Auf dem Berg stand ursprünglich wohl keine Burg, sondern eine Kapelle. Im 12. Jahrhundert gründeten Benediktiner eine Kirche, und 1762 ließ der damalige Fürstabt die Propstei Bürgeln als frühklassizistischen Schlossbau mit Rokokoelementen neu errichten. Nachdem dieser infolge der Säkularisation verfallen war, eilte die heimatverbundene Bevölkerung zur Rettung. Sie erwarb in den 1920er-Jahren den einstigen Prachtbau und gründete den gemeinnützigen Bürgelnbund, in deren Verantwortung das Anwesen heute liegt.

Schon von Weitem fallen das Ziffernblatt über dem Portal und der Hirsch auf dem Glockentürmchen ins Auge. Das Innere mit kunsthistorischen Schätzen kann ausschließlich bei Führungen besichtigt werden. Ein paar Treppen führen zum Eingang. Im Erdgeschoss befindet sich das Grüne Kabinett, das Nymphenburg-Zimmer mit kostbarem Porzellan und ein Speisezimmer. Der prunkvolle Bildersaal mit Porträts, auf denen auch die einstigen Schlossherren verewigt sind, liegt im ersten Stockwerk.

Ein Spaziergang auf dem gepflegten Grundstück führt in den Barockgarten an der Südseite des Gebäudes. Im Sommer verströmen unzählige Rosen ihren betörenden Duft. Bänke laden ein, in Ruhe die Aussicht zu genießen. Sie reicht vom Rheintal mit Basel zu den Vogesen und bei klarem Wetter bis in den Schweizer Jura mit den Gipfeln von Eiger, Mönch und Jungfrau. Am Fuße der Berge, ungefähr 400 Meter unterhalb des Schlosses, steht Besuchern ein Parkplatz zur Verfügung. *DS*

Das schlosseigene Restaurant bietet selbst gebackene Kuchen und Gerichte aus regionalen Zutaten. Auf der Panoramaterrasse können Sie die Aussicht genießen.

Warum jetzt?
Der Barockgarten blüht und duftet, und die atemberaubende Aussicht auf der Panoramaterrasse lässt sich bei einem kühlen Getränk genießen.

Beachten!
Das Schloss ist ausschließlich im Rahmen von Führungen zu besichtigen.

Wann sonst?
Bis in den September finden Konzerte auf Schloss Bürgeln statt. Vorab auf der Website des Schlosses informieren!

Rundgang auf den Spuren Hermann Hesses
Ausgangspunkt:
Geburtshaus von Hermann Hesse
Marktplatz 6
75365 Calw

Hermann-Hesse-Museum
Haus Schüz
Marktplatz 30
75365 Calw
07051 7522

35 Heimaterinnerungen

Rundgang auf den Spuren Hermann Hesses

Calw und Hermann Hesse sind untrennbar miteinander verbunden. 1877 wurde der Schriftsteller in der Schwarzwaldstadt geboren und setzte ihr mit seinen Romanen und Erzählungen ein literarisches Denkmal.

Auf seinen Spuren führt ein rund drei Kilometer langer Rundgang in knapp einer Stunde zu den wichtigsten Stationen in seiner Heimatstadt. Er beginnt am Marktplatz, wo Hesse in der Nummer sechs am 2. Juli 1877 das Licht der Welt erblickte. Durch das historische Zentrum führt der Weg zum benachbarten Stadtgarten. 37 Stelen, die sich jeweils aus einem historischen Bild und einem Text mit bekannten Zitaten aus Hesses Werken zusammensetzen, informieren Sie auf der Tour. Die Tafeln gruppieren sich in drei unterschiedlichen Themenbereichen. Im ersten verraten Zitate aus den *Gerbersauer Erzählungen*, wie Hesse seine Heimatstadt sah. In seinen Romanen nannte er Calw oft »Gerbersau«, abgeleitet von den vielen Gerbereien in der Stadt. Auf den Stelen im Stadtgarten können Sie ausgewählte Gedichte des Schriftstellers nachlesen. Das dritte thematische Feld umfasst Tafeln mit historischen Beschreibungen von Plätzen in Calw.

Am Gedenkstein im Stadtgarten geht der Hermann-Hesse- in den Panoramaweg über. Auf diesem Rundweg bieten sich herrliche Ausblicke auf die Stadt und das Nagoldtal. Zurück in der Altstadt lockt am Marktplatz das Café Goldmund mit selbst gebackenen Kuchen. Der Name ist angelehnt an die Romanfigur Hesses. *DS*

Im Hermann-Hesse-Museum im Haus Schütz am Marktplatz erhalten Sie weitere Einblicke in das Leben und Schaffen des Calwer Dichters.

Warum jetzt?
Der Andrang in der Stadt ist im Juni noch überschaubar, das Wetter schön und die Temperaturen sind mild.

Beachten!
Sollten Sie das Hermann-Hesse-Museum besuchen wollen, informieren Sie sich vorab über die Öffnungszeiten.

Wann sonst?
Auch im Spätsommer und im goldenen Herbst herrschen ideale Bedingungen für einen Stadtrundgang.

Alpirsbacher Kreuzgangkonzerte
(Juni–August)
Kloster Alpirsbach
Klosterkasse
Klosterplatz 1
72275 Alpirsbach
07444 51061

36 Auftakt der Konzertreihe

Alpirsbacher Kreuzgangkonzerte

Ein mittelalterliches Baudenkmal aus rotem Sandstein beherrscht seit über 900 Jahren das Zentrum von Alpirsbach. Im 11. Jahrhundert von den Benediktinern im romanischen Stil errichtet, beherbergt die ehemalige Abtei heute die evangelische und die katholische Kirchengemeinde.

Einst prägte die Abgeschiedenheit des Schwarzwalds das Leben im Kloster im Kinzigtal. Die Klausur, die früher nur von Ordensangehörigen betreten wurde, zeugt heute von der langen Geschichte der Abtei. Am 43 Meter hohen Kirchturm können Stilepochen von der Romantik bis zur Frührenaissance entdeckt werden. Im Inneren der Kirche beeindrucken Fresken aus dem 13. Jahrhundert, eine romanische Chorbank und ein spätmittelalterlicher Hochaltar. Ein Juwel der neueren Zeit ist die »fahrende« Orgel. Bei der Planung des Instruments Mitte der 1990er-Jahre wurde vergeblich nach dem idealen Platz gesucht, woraufhin die Idee eines flexiblen Standorts entstand. Die 17 Tonnen schwere Orgel mit 238 Pfeifen, 35 Registern und drei Manualen wurde mit einer Art Luftkissen sowie Antrieben versehen, um sie bewegen zu können. Je nach Bedarf kann sie an drei unterschiedliche Positionen im Kirchenraum befördert werden. Eine »Orgelverschiebung« kann an bestimmten Terminen beobachtet werden.

Gönnen Sie sich die einzigartige Erfahrung und erleben Sie die eindrucksvolle Kulisse bei den *Alpirsbacher Kreuzgangkonzerten.* Seit 1952 findet die Veranstaltungsreihe von Juni bis August unter Mitwirkung berühmter Chöre und Orchester statt. *DS*

Bei einer Führung können Sie neben der Klosterkirche den Kreuzgang, das Dormitorium und das Museum besichtigen.

Warum jetzt?
Im Juni beginnen die berühmten Kreuzgangkonzerte, bei denen die historische Kulisse besonders beeindruckt.

Beachten!
Erwerben Sie die Tickets rechtzeitig online oder telefonisch. Die Karten sind heiß begehrt.

Wann sonst?
Bis in den August besteht die Möglichkeit, die Veranstaltungsreihe zu besuchen.

Rundfahrt auf dem Schluchsee
Toth Bootsbetrieb
Am Strandbad
Aquafun Schluchsee
Freiburger Straße 16
79859 Schluchsee

Blumenpfad Schluchsee
(Mai–Oktober)
Ausgangspunkt:
Bahnhof Schluchsee
79859 Schluchsee

37 Wind um die Nase wehen lassen

Rundfahrt auf dem Schluchsee

Eine angenehme Möglichkeit, den Schluchsee zu erkunden, bietet eine Schiffsrundfahrt. Besonders abseits der Hauptsaison kann man an Bord dem Trubel aus dem Weg gehen. Der beliebte Stausee liegt eingebettet in den Bergen des Hochschwarzwalds und gehört nicht nur zu den schönsten stehenden Gewässern Deutschlands, sondern auch zu den saubersten.

Das Schiff lichtet am Strandbad den Anker und steuert unterwegs drei Anleger an. Auf dem Sonnendeck weht den Passagieren der Wind um die Nase. Eine behagliche Atmosphäre herrscht im klimatisierten Salon mit großen Fensterfronten, die eine freie Sicht auf die Uferlandschaft erlauben. Wer Hunger verspüren sollte, kann diesen an Bord bei herzhaften Kleinigkeiten, Kuchen und Getränken stillen. Jederzeit ist eine Unterbrechung der Rundfahrt möglich, da sie im geregelten Linienverkehr stattfindet. Für einen gemütlichen Spaziergang zwischendurch empfehle ich die Anlegestelle in Aha an der westlichen Spitze des Sees. Hier können Sie durch den beschaulichen Hafen schlendern und die Segelboote, die vor der pittoresken Bergkulisse im Wasser schaukeln, und die prächtigen Schwarzwaldhäuser bewundern. Lassen Sie den Blick zu den tannengesäumten Ufern schweifen und genießen Sie die frische Luft des Hochschwarzwalds.

Der Schluchsee entstand ursprünglich aus dem Feldberggletscher. In den 1930er-Jahren wurde am Ostende eine riesige Staumauer errichtet, wodurch sich das Gewässer ausweitete. Die bis zu 108 Millionen Kubikmeter Wasser werden seither für die Stromerzeugung genutzt.

DS

Spazieren Sie vom Bahnhof Schluchsee durch den Ortskern und entdecken Sie auf dem zwei Kilometer langen Blumenpfad bunte Kunstwerke aus Blüten.

Schluchsee

Warum jetzt?
Der Andrang ist überschaubar, das Wetter aber bereits so gut, dass man die Fahrt auf dem Sonnendeck genießen kann. Sollte es zu warm werden, kann man in den klimatisierten Innenraum ausweichen.

Beachten!
Informieren Sie sich auf der Website über die genauen Abfahrtszeiten.

Wann sonst?
Auch Ende September bietet sich die Möglichkeit für eine Rundfahrt ohne allzu großes Gedränge.

Brennerei Löcherhansenhof
Breitsodstraße 11
77740 Bad Peterstal-Griesbach
07806 518

38 Ernte für Schwarzwälder Spezialität

Brennerei Löcherhansenhof

Hoch über Bad Peterstal-Griesbach liegt der Löcherhansenhof. Eine schmale Straße führt hinauf, durch den Wald, vorbei an Streuobstwiesen mit althergebrachten Obstsorten wie der Schweizer Wasserbirne oder dem Winterprinzenapfel. Verena Schmieder, ihres Zeichens Landwirtschaftliche Brennmeisterin und Edelbrand-Sommelière, kreiert daraus feines Hochprozentiges.

Die Produktion auf dem Hof blickt auf eine lange Tradition: Frau Schmieder hat das Brennrecht von ihrer Großmutter übernommen. Immer im Juni beginnt die Erntezeit mit den Kirschen, die für eine Spezialität des Hofs verwendet werden: das Schwarzwälder Gebirgskirschwasser. Mithilfe von Tüchern und eines Stammschüttlers werden die Früchte vom Baum geholt. Nach der anschließenden Säuberung werden sie in Fässer gepumpt und mit Schwefelsäure sowie Trockenreinzuchthefe angereichert, um den Gärprozess in Gang zu setzen. In den nächsten Wochen und Monaten folgt die Ernte der Äpfel, Birnen, Pflaumen und anderen Früchten. Den Winter über, solange die Feldarbeit ruht, werden daraus feine Edelbrände und Liköre hergestellt.

Bei einer Führung gewährt die Brennmeisterin nach Voranmeldung Einblicke in die Handwerkskunst des Brennens und der Likörherstellung. Im Anschluss findet eine Destillat- und Likörprobe statt. Im angrenzenden Hofladen können die Produkte erworben werden. Auf Wunsch wird ein zünftiges Bauernvesper mit Schwarzwälder Schinken, frischem Bauernbrot, hausgemachter Wurst und Käse sowie Apfelmost gereicht. *DS*

An der Hofeinfahrt beginnt der Kuhrundweg, der um das Grundstück durch den Wald und über Streuobstwiesen führt.

Warum jetzt?
Ende Juni läutet der Löcherhansenhof die Erntezeit ein. Erleben Sie, wie die Kirschen vom Baum ins Fass gelangen.

Beachten!
Für eine Führung und Verkostung melden Sie sich bitte vorab beim Hof an.

Wann sonst?
Im Herbst folgt die Ernte der restlichen Früchte.

Rosentage in Nöggenschwiel
(zweites Juliwochenende)
Rund um die
Tourist-Information am Roseneck
Josef-Raff-Platz
79809 Weilheim-Nöggenschwiel
07755 1553

39 Blütenrausch

Rosentage

Nicht nur Liebhaber schöner Blumen sollten sich den Termin im Kalender eintragen. Am zweiten Wochenende im Juli bilden ein farbenfroher Trachtenumzug, zünftige Blasmusik und ein Festprogramm mitsamt Spielwiese für die Kinder nur einige Höhepunkte der *Rosentage.*

Im Süden des Schwarzwalds liegt die weitläufige Gemeinde Nöggenschwiel, eingebettet in eine bilderbuchhafte Landschaft: ein sonniger Logenplatz in einem bunten Blumenmeer. Der hübsche Ortskern ist auch abseits des Festwochenendes einen Besuch wert. Wenn sich dann noch das Dorf im Blütenrausch befindet, ist alles umso schöner. Die *Rosentage* haben Tradition. Bereits seit 1970 wird das Fest ausgerichtet und hat sich seitdem weiterentwickelt. Waren es anfangs nur einige Programmpunkte und ein kleiner Markt, können sich die Besucher mittlerweile auf ein gut gefülltes Wochenende freuen.

Pünktlich zur Hauptblüte, wenn Tausende von Rosenstöcken in Rosé, Pink und Rot strahlen, findet samstags der Fassanstich statt. Dann eröffnet auch der traditionelle Kunst- und Handwerksmarkt. Der Sonntag startet mit einem Festgottesdienst in der geschmückten Kirche, danach setzt die Krönung der Rosenkönigin einen weiteren Höhepunkt. Da die Gemeinde die Königin der Blumen zelebriert, darf eine Repräsentantin nicht fehlen. Es folgt ein großer Festzug, der der Trachtenvielfalt im Schwarzwald alle Ehre macht. Begleitet wird er von Musikkapellen, die Schwung und gute Laune verbreiten. Und über allem schwebt ein betörender Duft, als hätte man das Dorf mit Parfüm besprüht. *AL*

In der Nähe laden das Schwarza-Schlücht-Tal und der Haselbach-Wasserfall zum Erkunden ein.

Warum jetzt?
Nicht nur die Rosen sind im Juli ein Augenschmaus – die Gemeinde präsentiert die Spitzen der Alpen wie auf einem Silbertablett.

Beachten!
Das Festwochenende zieht sich bis zum Montag, an dem Rosenstöcke am Josef-Raff-Platz verkauft werden.

Wann sonst?
Wie verzaubert wirkt der Hotzenwald, wenn Schneeflocken vom Himmel rieseln. Die Winterlandschaft rund um Nöggenschwiel lädt zum Erkunden ein.

Freilichtmuseum Klausenhof
Lindenweg 1
79737 Herrischried
07764 6162

40 Der Geschichte Leben eingehaucht

Freilichtmuseum Klausenhof

Wie lebten die Menschen, als der Hotzenwald noch ursprünglich war? War es so romantisch, wie es sich mancher vorstellt, oder entbehrungsreich? Einen Einblick in den früheren Alltag im Südschwarzwald gewährt das Freilichtmuseum Klausenhof.

Den Mittelpunkt bildet das 600 Jahre alte Bauernhaus, ein traditionelles Schwarzwälder Gehöft mit tiefem Strohdach und kleinen Sprossenfenster. Ein Nachtgewand liegt auf dem Bett, in der Küche stehen Töpfe bereit, der Geruch vom Räuchern hängt noch in der Luft. Das Butterfass steht in der Ecke und die Wäsche hängt auf der Leine zum Trocknen. Als seien die Bewohner bei der Feldarbeit und würden gleich zurückkehren.

Der Klausenhof wurde um das Jahr 1425 erbaut und ist einer der ältesten erhaltenen Schwarzwaldhöfe. Lange unbewohnt, drohte er zu verfallen, bis er 1979 bis 1981 aufwendig saniert und zum Museum gestaltet wurde. In der Folge kamen weitere Gebäude hinzu, deren Nutzung ebenfalls zu Anschauungszwecken vorgeführt wird. In einer alten Schmiede wird der Hammer geschwungen und im Backhaus der Holzofen angefeuert. In dem funktionsfähigen Sägewerk wird gezeigt, wie das Holz einst durch das Gatter gezogen wurde. Im Bauerngarten, nach historischem Vorbild angelegt, reifen alte Obst- und Gemüsesorten.

Im Sommer finden vor der authentischen Kulisse des Klausenhofs Freilichtspiele statt. Schauspieler in historischen Kostümen und Volksstücke vermitteln eindrücklich, wie es damals war, als der Hotzenwald noch unberührt und rau war. *DS*

Es werden informative Führungen angeboten, die als Gruppe auf Anfrage gebucht werden können.

Warum jetzt?
Besonders gut kann man sich das einstige Leben vorstellen, wenn im Juli vor dem traditionellen Gehöft die Freilichtspiele stattfinden.

Beachten!
Informieren Sie sich auf der Website des Museums über die genauen Termine.

Wann sonst?
Im kalten Winter finden am heimeligen Kachelofen Dichter- und Stubenmusikabende statt.

Höhenfeuer auf dem Hochplateau
(Mitte Juli)
Höhenstraße 40
75335 Dobel

Tourismusbüro Dobel
Neue Herrenalber Straße 11
75335 Dobel
07083 74513

41 Auftakt in den Sommer

Dobler Höhenfeuer

Schon Ende April, Anfang Mai beginnt das »Waldteam« der Sportfreunde Dobel am Festplatz vor dem Wasserturm mit den Vorbereitungen für das Höhenfeuer. Ende Juni steht der riesige Holzstapel und die letzte Stange wird befestigt, und Mitte Juli leuchtet dann der gigantische Scheiterhaufen auf dem Hochplateau zwischen Bad Wildbad und Bad Herrenalb in der Nacht. Sogar in Karlsruhe kann man ihn noch wahrnehmen.

Am historischen Wasserturm, dem Dobler Wahrzeichen, wird mit dem Höhenfeuer der Sommer begrüßt. Bewohner und Gäste der Umgebung treffen sich zum geselligen Beisammensein bei Essen und Trinken im flackernden Licht des bis zu 20 Meter großen Holzstoßes. Sein Schein legt sich über die Landschaft der Rheinebene und bietet ein einzigartiges Panorama.

Wenn in den Tälern von Alb, Enz und Eyach der Nebel hängt, scheint auf dem Dobel oft die Sonne. Nach kurvenreichem Anstieg von Höfen an der Enz, Bad Herrenalb oder Rotensol aus erreicht man auf der Hochebene den heilklimatischen Kurort Dobel, umgeben von Wiesen und weiten Wäldern. Als Europaweg führt ein bezaubernder Spazierweg über das Plateau, die Bänke sind in den Flaggenfarben der EU-Länder gestrichen.

Der Dobel ist auch idealer Ausgangspunkt für Wanderungen und Radtouren in eine landschaftlich reizvolle Umgebung und – ohne nennenswerte Steigungen – zu den markanten Aussichtspunkten der Region. Vom Aussichtspavillon Schweizerkopfhütte sieht man ins Albtal nach Bad Herrenalb und hinunter ins Gaistal. *EG*

Südöstlich von Dobel findet man Natur pur im Naturschutzgebiet Eyachtal. Empfehlenswert ist die eineinhalbstündige Wanderung von der Eyachmühle zur Großen Wiese.

Warum jetzt?
Nach monatelanger Vorbereitung wird auf dem Hochplateau Mitte Juli das beeindruckende Höhenfeuer entzündet.

Beachten!
Nehmen Sie eine Picknickdecke mit und sichern Sie sich bereits vor der Dämmerung einen Platz!

Wann sonst?
Im Winter verwandelt sich die Hochebene bei entsprechender Schneelage ins »Dobler Langlaufparadies«.

Internationale Domkonzerte St. Blasien
(Juli und August)
Fürstabt-Gerbert-Straße 16
79837 St. Blasien
07672 678

Café Ell
Hauptstraße 15
79837 St. Blasien
07672 2023

42 Musik unter der Kuppel

Domkonzerte St. Blasien

Der weiße Dom dominiert das Stadtzentrum von St. Blasien. Nach einem verheerenden Brand 1768 wurde die einstige Klosterkirche im frühklassizistischen Stil neu errichtet und 1783 geweiht. Mit einem Durchmesser von 36 Metern und einer Höhe von 62 Metern ist der Kuppelbau heute der viertgrößte seiner Art in Europa.

In rund 250 Jahren erlebte der Dom eine wechselvolle Geschichte. Im Zuge der Säkularisierung 1806 wurde das Kloster aufgelöst und das Gros der Kircheneinrichtung abtransportiert, einschließlich der Orgel. In der Folge nutzten mehrere Firmen das Gelände, unter anderem eine Gewehrfabrik und eine Spinnerei. Als in Letzterer 1874 ein Feuer ausbrach, fiel die verbliebene Kirchenausstattung den Flammen zum Opfer und die Kuppel stürzte ein. Ab 1878 bis etwa 1913 wurde das Gotteshaus schrittweise wiedererrichtet und rund 70 Jahre später aufwendig renoviert.

Heute erstrahlt der Dom in weißem Marmor, die helle Bestuhlung ergänzt das freundliche Erscheinungsbild des imposanten Innenraums. Die ungefähr 12 Meter hohe Orgel zieht die Blicke auf sich. 1911 bis 1913 aus dunklem Naturholz errichtet, stellt das Kircheninstrument einen harmonischen Kontrast zur sonst hellen Einrichtung dar. Jedes Jahr ab Juli können Gäste die einzigartige Akustik der größten Kuppelkirche bei den *Internationalen Domkonzerten* erleben. Die beeindruckende Atmosphäre zieht namhafte Künstler aus der ganzen Welt an, die sich an den Orgel- und Gesangsaufführungen beteiligen. *DS*

Legen Sie eine Pause im traditionsreichen Café Ell ein. Hausgemachte Kuchen und Kaffeespezialitäten versüßen den Aufenthalt in St. Blasien.

Warum jetzt?
Bei den Domkonzerten St. Blasien können Sie sich von der einzigartigen Akustik der größten Kuppelkirche nördlich der Alpen überzeugen.

Beachten!
Vor Konzerten ist der Dom wegen Proben eventuell geschlossen. Tickets sind im Vorverkauf bei allen Tourist-Informationen im Hochschwarzwald erhältlich.

Wann sonst?
Im August kann man mit dem Ende der Konzertreihe den Sommer ausklingen lassen.

Menzenschwander Wasserfälle
Ausgangspunkt:
Mösleparkplatz in Hinterdorf
79837 St. Blasien-
Menzenschwand

Tourist-Information Menzenschwand
Winterhalterweg 4
79837 St. Blasien-
Menzenschwand
07675 9298753

43 Zur Sommerfrische in die Natur

Menzenschwander Wasserfälle

Mittelpunkt sei hier die Alb, die am Feldberg entspringt. Genau genommen sind es zwei Flüsse. Sie durchlaufen die eiszeitlich geformten Täler von Bernau und Menzenschwand und vereinen sich. Man spricht von der Bernauer Alb und der Menzenschwander Alb, später von der Hauensteiner Alb, um sie von der Alb im Nordschwarzwald zu unterscheiden. Nach knappen 50 Kilometern fließt sie in den Rhein und somit in die Nordsee.

Wandert man vom Caritashaus am Feldbergpass bergab Richtung Menzenschwand, ist der Untergrund sumpfig, überall gurgeln und glucksen kleine Quellen. Spätestens bei der Gabelung Maria Loch rauscht der Wildbach; die Alb hat sich gebildet. Sie führt uns zur Menzenschwander Kluse, einer engen Durchbruchsstelle der Alb, die das Kloster St. Blasien bis zu seiner Auflösung 1806 nutzte, um das Wasser künstlich aufzustauen und Holz für die Eisenwerke in Albbruck zu flößen.

Wenige Meter weiter donnern die Wassermassen durch eine 30 Meter hohe Felsschlucht: die Menzenschwander Wasserfälle. Ein in Stein geschlagener Pfad sowie Holzbrücken führen mittendurch. Eben noch auf einer rauen Weide, befindet man sich plötzlich in einer wildromantischen Wasserwelt wieder. Am Ende der Schlucht, von oben kommend, bildet das Bachbett eine seichte Stelle, ein idealer Platz für Kinder zum Planschen an heißen Sommertagen. Mehrere Bänke in Blickrichtung des Wasserfalls laden zum Vespern und Innehalten. Eine angenehme Kühle umnebelt den ausruhenden Wanderer. In den Monaten Mai bis Oktober ist die Schlucht mittwochs, samstags und sonntags abends beleuchtet. *BH*

Ein Rundweg, der am Wasserfall vorbeiführt, ist der Geißenpfad ab dem Mösleparkplatz im Hinterdorf.

Warum jetzt?
Im Hochsommer bietet die romantische Wasserwelt eine willkommene Abkühlung. Der Dunst der Kaskaden und die Bächlein erfrischen Körper und Geist.

Beachten!
Festes Schuhwerk ist auch im Sommer dringend empfohlen.

Wann sonst?
Im Winter entstehen beeindruckende Gebilde aus Eis und Schnee, die einen in die Eiszeit entführen, als die Felsformationen entstanden sind.

Rosenweg Freudenstadt
Ausgangspunkt:
Parkplatz Teuchelwald
Schömberger Straße
72250 Freudenstadt

Freudenstädter Bähnle
Ausgangspunkt:
Stadtkirche
72250 Freudenstadt
07441 91990

44 Betörende Pracht

Rosenweg

Mehr als 2.200 Edel-, Wild- und historische Strauchrosen blühen im Frühsommer am Rosenweg auf dem Kienberg, dem Hausberg Freudenstadts. Der Park wurde vom *Freundeskreis Schwarzwald* der *Deutschen Rosengesellschaft* angelegt und wird ehrenamtlich gepflegt. Die ideale Zeit für einen Besuch ist der Juli, wenn die »Königin der Blumen« ihre volle Pracht entfaltet hat.

Auf dem rund zwei Kilometer langen Rundweg können Sie mit allen Sinnen duftende und leuchtende Blüten erkunden. Seltene Strauchblumen mit klangvollen Namen wie Rosa Sancta, die »heilige Rose«, oder die dunkelrote Tibetanische Bergrose verzaubern den Betrachter. Im Duftrosenpark am Friedrichsturm verströmen die Beetblume *Rosengräfin Marie Henriette* und das elegante Edelgewächs *Gräfin Diana* ihren intensiven Geruch. An einem Spalier entfalten unterschiedliche Kletterrosen ihre Pracht. Infotafeln vermitteln Wissen zu den einzelnen Pflanzen. In einem Duftkreis wird das Bouquet blumig beschrieben, während sich die Pergola mit Sitzbänken und einem Blütendach für eine romantisch-idyllische Pause eignet. Der Blick schweift vom Kienberg weit ins Land über Wiesen und sanfte Schwarzwaldhügel.

Den höchstgelegenen Rosenweg Deutschlands erreichen Sie entweder zu Fuß über einen knapp einen Kilometer langen Anstieg oder mit dem *Freudenstädter Bähnle*. Seine Rundfahrt beginnt am Unteren Marktplatz bei der Stadtkirche. Unterwegs können die Fahrgäste am Kienberg oder an anderen Haltestellen aussteigen und mit einer späteren Bahn die Fahrt fortsetzen. *DS*

Auf dem Kienberg am Rosenweg steht der Friedrichsturm aus dem Jahr 1899. Zwei Aussichtsplattformen gewähren einen fantastischen Blick über Freudenstadt.

Warum jetzt?
Die Blumen stehen jetzt in voller Blüte. Der Rosenweg ist von betörendem Duft und leuchtender Farbenpracht umhüllt.

Beachten!
Der Weg ist über einen ansteigenden Fußweg oder mit dem Freudenstädter Bähnle erreichbar.

Wann sonst?
Die Rosenblüte hält bis in den August an.

Seenachtsfest Titisee
(Juli)
Seestraße
79822 Titisee-Neustadt
07652 12068120

Action Forest – Active Hotel
Neustädter Straße 41
79822 Titisee-Neustadt
07651 82560

45 Feiermeile am See

Seenachtsfest Titisee

Er gehört zu den touristischen »Big Five« des Schwarzwalds, zusammen mit dem Feldberg, den Triberger Wasserfällen, der Wutachschlucht und der Schwarzwaldhochstraße. Der Titisee, größter Natursee des Schwarzwalds, zieht alljährlich über zwei Millionen Touristen an.

Einen Höhepunkt im Jahreslauf bildet das traditionelle Seenachtsfest, das am Titisee den Hochsommer einläutet. Die Seestraße verwandelt sich zur Festmeile, an der sich die lokalen Geschäfte und Firmen beteiligen. Ein buntes Rahmenprogramm mit Rummel, Livemusik und Brillantfeuerwerk schafft eine unvergleichliche Atmosphäre. Auch die Kleinsten kommen bei Spielstationen und Unterhaltungsprogrammen auf ihre Kosten.

Obwohl Spaß, Cafés und Souvenirläden an der Seestraße locken, sollte man sich Zeit nehmen, den See auch abseits des Trubels zu erkunden, um seine Schönheit auf sich wirken zu lassen. Dies kann man ganz hervorragend vom Tret- oder Ruderboot aus, aber auch der Seerundweg bietet auf einer Strecke von acht Kilometern ein »wanderbares« Schwarzwalderlebnis mit herrlichen Ausblicken auf das tiefblau schimmernde Schwarzwaldjuwel. Die Fahrt entlang des westlichen Seeufers bis hinauf nach Feldberg-Bärental lohnt sich ebenfalls, zumal man am südlichen Ende des Sees eine herrliche Wanderung zum Feldsee und dem alten Raimartihof unternehmen kann.

Unvergleichlich ist der Blick auf Titisee und Feldberg vom 1.192 Meter hohen Hochfirst aus. Als Badealternative zum Titisee bietet sich der kleine romantische Windgfällweiher zwischen Feldberg-Bärental und Schluchsee an.

EG

Der *Action Forest* in Titisee-Neustadt bietet von Mai bis Oktober Kletterspaß für die ganze Familie.

Warum jetzt?
Im Juli, spätestens August, erlebt der Titisee ein besonderes Spektakel, das allerhand Unterhaltung bietet!

Beachten!
Informieren Sie sich vorab über den genauen Termin und den Kultur- und Festbeitrag, der für Besucher ab 16 Jahren anfällt.

Wann sonst?
Im Winter führt bei Schneelage eine ein Kilometer lange Rodelbahn von Lenzkirch-Saig über die Seesteige hinunter nach Titisee.

Schlossbergfest
(Ende Juli bis Anfang August)
Schlossbergring 3
(über das Schwabentor)
79098 Freiburg
0761 5468590

Weinfest
(erstes Juliwochenende)
Freiburger Münsterplatz
79098 Freiburg
0761 13811512

46 Das Lichterkettenfest

Schlossbergfest

Schöner hätte man sich das Kult-Festival im Herzen der Schwarzwälder Hauptstadt nicht ausdenken können. Der Kanonenplatz mit seiner traumhaften Aussicht auf Freiburg, der Burggraben und die darüberliegende Ludwigshöhe bilden an neun Tagen die beeindruckenden Schauplätze des Schlossbergfests. Wir sind auf Augenhöhe mit dem Schwabentor; der Turm des Freiburger Münsters scheint zum Greifen nah.

Die bei Freiburgern beliebte Traditionsveranstaltung findet seit über 40 Jahren über den Dächern der Altstadt statt. Livemusik, kulinarische Leckerbissen und ein stimmungsvolles Ambiente zeichnen das Festival aus. Und so ist es nicht verwunderlich, dass sich in der ersten Abenddämmerung ganze Kolonien im Gänsemarsch auf den Schlossberg begeben. Auf den Konzertbühnen der Superlative am Kanonenplatz, Burggraben und auf der Ludwigshöhe wird für jeden Geschmack die passende Musik geboten. Ob Latin, Reggae, Pop, Blues, Rock oder Elektronik – ein buntes Programm, das von vorwiegend regionalen Künstlern gespielt wird. An den neun Tagen des Musikfestivals spielen täglich sechs bis acht Bands.

Besonders festlich wird es bei Einbruch der Dunkelheit, wenn unzählige Lichterketten ihren Glanz auf die Partymeile werfen. Und da das Tanzen hungrig macht, verwöhnen Food Trucks mit einem vielseitigen Speisenangebot die Feiernden. Bei all den Möglichkeiten und der entspannten Atmosphäre wird das Fest recht voll, Berührungsängste sollte man daher nicht haben. *AL*

Wein und Kulinarik lässt sich bestens auf dem *Freiburger Weinfest* erleben. Über das erste Juliwochenende hinaus steht der Platz rund um das Münster sechs Tage im Zeichen des badischen Weins.

Warum jetzt?
Sommer, Sonne, gute Laune – im Juli wird auf dem Schlossberg ein reißendes Fest vor malerischer Kulisse gefeiert!

Beachten!
Der barrierefreie Zugang zum Veranstaltungsgelände erfolgt über die kostenpflichtige Dattler-Bahn.

Wann sonst?
Im Frühjahr und späten Herbst herrschen in der wärmsten Großstadt des Landes milde Temperaturen.

Kloster St. Peter
und Paul Hirsau
Klosterhof 9
75365 Calw-Hirsau
Calwer Klostersommer
(Juli–August)

47 Atemberaubende Kulisse

Kloster St. Peter und Paul

Drei Kilometer flussabwärts von Calw ragt auf der linken Nagoldseite rotbraun leuchtend der Eulenturm in den Abendhimmel. Durch den unteren Torbogen betritt der Besucher die Ruinen der ehemaligen Benediktineranlage St. Peter und Paul. Die Ursprünge des Klosters Hirsau liegen allerdings am anderen Ufer der Nagold, wo schon 830 die erste Klosterkirche geweiht wurde.

Die Weihe der dreischiffigen Basilika im neuen Kloster St. Peter und Paul erfolgte 1091; sie war eine der größten romanischen Kirchen des 11. Jahrhunderts in Deutschland. Ein Jahr später verließen die Mönche das alte Aureliuskloster und zogen auf die linke Nagoldseite in die größere Anlage. Nach der Reformation wurde die Abtei in eine evangelische Klosterschule umgewandelt, und die württembergischen Herzöge errichteten auf dem Areal jenes dreiflügelige Renaissanceschloss, dessen Ostflügel noch heute als Ruine besteht und mit der gotischen Marienkapelle und dem alles überragenden Eulenturm ein beeindruckendes historisches Ensemble bildet.

Die altehrwürdige Klosterkulisse wird im Juli und August zu einer der ungewöhnlichsten Freilichtbühnen des Landes. Beim alljährlichen Calwer Klostersommer begeistern hochklassige Open-Air-Konzerte aller Musikrichtungen das Publikum. Inmitten der illuminierten Bauwerke sind dabei auch regelmäßig die berühmten *Aurelius-Sängerknaben Calw* zu erleben. In den Sommermonaten finden zudem öffentliche Führungen statt, bei denen auch Einzelpersonen die Möglichkeit erhalten, Einblicke ins Kloster zu erhaschen. *EG*

Nehmen Sie sich die Zeit, Calw zu erkunden. Urige Fachwerkhäuser und enge Gassen versprühen echtes Schwarzwaldflair!

Calw-Hirsau

Warum jetzt?
Im August endet der Calwer Klostersommer mit einem Paukenschlag. Nur im Sommer kann das Kloster auch bei Führungen besichtigt werden.

Beachten!
Sichern Sie sich rechtzeitig die Tickets, die Konzerte in einzigartiger Atmosphäre sind schnell ausverkauft!

Wann sonst?
Von Oktober bis März finden im Kloster Fackelführungen für Kinder statt. Anmeldungen erforderlich!

St. Wilhelmer Hütte
79868 Feldberg
07676 342

Laurentiuskapelle
via: Todtnauer-Hütten-Weg
79868 Feldberg

48 Hüttengaudi zum Laurentiusfest

St. Wilhelmer Hütte

Der Feldberg bietet viele zünftige Wanderhütten, die zur Einkehr laden. Sie wurden ursprünglich als Almhütten genutzt und dienten den »Herdern«, den Viehhütern, als Unterkunft während des Sommers. Eine reizvoll gelegene Hütte steht über dem Wilhelmer Tal an der Westflanke des Feldbergs. Sie ist mit 1.423 Metern die höchstgelegene Almhütte Baden-Württembergs. Sie bietet 65 Innenplätze und eine große Sonnenterrasse. Man kann dort zwar nicht übernachten, doch allein die selbst gemachten Speisen lohnen einen Besuch. Um die Hütte zu erreichen, muss man sich bewegen. Wie, das hängt von der Jahreszeit ab. In der schneefreien Zeit sind Wanderer und Mountainbikern die häufigsten Gäste in der St. Wilhelmer Hütte.

Ein besonderes Event ist das Laurentiusfest am 10. August. Egal welches Wetter herrscht, die Schwarzwälder verzichten nie auf ihren »Laurenzi«. Ursprünglich kamen an dem Feiertag die Wirte und Viehhändler, um das Vieh auf den Sommerweiden zu begutachten und einzukaufen. Traditionell wird in der Waldkapelle bei der Todtnauer Hütte ein Gottesdienst abgehalten und im Anschluss werden verschiedene Hütten besucht, darunter die St. Wilhelmer. Heute geht es direkt nach dem Feldgottesdienst zur Hüttengaudi. Was jedoch in den letzten Jahren zur Partyveranstaltung ausartete, wird nun wieder traditioneller gestaltet. Statt Busse voller Besucher wird gewandert und Musik ertönt ohne elektrischen Verstärker. Schließlich befindet man sich im Naturschutzgebiet und besinnt sich der neuen alten Achtsamkeit gegenüber der Natur. Gesellig und fröhlich, aber nicht überbordend.

BH

Wandern Sie hinter der Hütte in etwa 20 Minuten bis zur Wetterradarstation hinauf und genießen Sie den Rundblick.

Warum jetzt?
Das Laurentiusfest am 10. August blickt auf eine lange Tradition und bietet geselliges Beisammensein auf einer typischen Schwarzwälder Almhütte.

Beachten!
Das Fest beginnt mit einem Festgottesdienst in der Laurentiuskapelle bei der Todtnauer Hütte.

Wann sonst?
Bei Schnee verbindet eine Langlaufloipe den Feldberger Hof mit dem Berggasthof Stübenwasen und der Wilhelmer Hütte. Eine Rodelbahn führt zurück ins Tal.

Dorfmuseum Dietersweiler
(Mai–September)
Pfluggasse 5
72250 Freudenstadt-
Dietersweiler
07441 869781

49 Eine Museumsinsel

Dorfmuseum Dietersweiler

Leiterwägen, Kartoffelsäcke, Milchkannen – das sind Gegenstände, die nur noch in einem Heimat- und Dorfmuseum existieren. Etwa 1.000 Ausstellungsstücke haben engagierte Dietersweiler Bürger in mehreren historischen Gebäuden gesammelt. Es ist ein kleines Dorf im Dorf, eine »Museumsinsel«.

Der Fruchtspeicher ist das markanteste Gebäude des Ensembles, erbaut zwischen 1450 und 1500, ein spätgotisches Sandsteinhaus mit Schlitzfenstern und Rundbogentür. Im Erdgeschoss sind Fotografien zu sehen, welche die Hotellerie der Gegend dokumentieren, im Obergeschoss wird die Geschichte der Dorfkirche und diverser alter Häuser gezeigt. Schuhmacher, Glasbläser und viele andere Berufe prägten einst den Dorfalltag. Im Zentrum steht natürlich die Land- und Waldwirtschaft. Die mühevolle Arbeit der Bauern ist an allerhand Fotos und Gerätschaften nachzuvollziehen, so etwa in der Sammlung originaler Pflüge, wie sie früher zur Arbeit auf dem Feld eingesetzt wurden. Fast schon modern sind historische Traktoren und »antike« Fahrräder.

Gegründet wurde der Förderverein des Museums im Jahr 1979, in dem auch die erste Teilausstellung eröffnet wurde. Interessierte dürfen das Museum nach Vereinbarung erkunden, einmal wöchentlich finden Führungen statt. Der rege Förderverein organisiert zweimal im Jahr ein Museumsfest mit Vorführungen alteingesessener Handwerker. Besucher können live erleben, wie man früher auf dem Feld mähte und pflügte. *MK*

Nur wenige Kilometer entfernt liegt Dornstetten. Sehenswert ist das Fachwerk des Stadtkerns. Die Besonderheit: viele Rundbögen, wie beim Rathaus und dem ehemaligen Gasthaus Ochsen nebenan.

Warum jetzt?
Im August findet eines der zwei Museumsfeste statt, bei dem unter freiem Himmel ein Unterhaltungsprogramm, kulinarische Leckerbissen und historische Einblicke geboten werden.

Beachten!
Informationen zum genauen Datum und Programm finden sich auf der Website des Museums.

Wann sonst?
Das Dorfmuseum öffnet im Mai seine Pforte.

Hornberger Schießen
(Juli und August)
Freilichtbühne Hornberg
Am Storenwald
78132 Hornberg
07833 79322

Tourist-Information Hornberg
Bahnhofstraße 3
78132 Hornberg
07833 79329

50 Lösungsorientiertes Denken

Hornberger Schießen

Sage mal einer, die Schwarzwälder wären humorlos! Hornberg feiert jedes Jahr ein großes Missgeschick, das theatralisch inszeniert wird: das Hornberger Schießen.

Vor langer Zeit kündigte ein Herzog seinen Besuch im Städtchen an. Der Gast sollte mit Ehren empfangen und die Schwarzwälder Gastfreundschaft mit Salutschüssen lautstark demonstriert werden. Hoch oben auf dem Schlossturm bezog der Wächter seine Position und hielt nach dem Ehrengast Ausschau. Endlich sah er in der Ferne eine Staubwolke. Er griff nach seinem Horn und gab das ersehnte Zeichen. Sofort böllerten die Hornberger los und verschossen ihr gesamtes Pulver, bis kein Krümelchen mehr übrig war. Als sich die Staub- und Pulverwolken lichteten, erblickten die eifrigen Städter das Malheur: Ein Hirte mit seiner Rinderherde erschien, nicht der ersehnte Herzog. Als der sich dann mit seiner Bagage wahrhaftig näherte, kamen die Hornberger auf eine erfinderische Lösung: Ein lautes »Piff-Paff« dröhnte zeitgleich aus allen Kehlen, so als würden die Kanonen donnern.

Ob sich die Geschichte so zugetragen hat, weiß heute niemand so recht. Datiert wird sie um 1564. Es kursieren viele Versionen, die die Geschehnisse würzen. Unbestritten ist jedoch das berühmte Sprichwort »Das geht aus wie das Hornberger Schießen«, das etwas Großartiges ankündigt, sich aber im Nichts auflöst. Eine viel zu schöne Geschichte, um nicht jährlich gefeiert zu werden. Seit 1955 wird das Festspiel während der Sommerferien auf der Freilichtbühne dargeboten. Ein Erwachsenenstück und ein Familienstück ergänzen die Aufführungen. Mitwirkende sind Laienschauspieler aus der Umgebung. *AL*

Auf dem Hornberger-Schießen-Weg gelangt man auf den Schlossberg, von dem sich ein traumhafter Blick bietet.

Hornberg

Warum jetzt?
Jährlich wechselnde Aufführungen ergänzen das Traditionsstück im August. Ein farbenfrohes Programm für einen bunten Sommer.

Beachten!
In der Hauptstraße beim Hotel Adler führen Treppen zum Hornberger Schloss. Eine Anfahrt ist über die Schlossstraße möglich.

Wann sonst?
Hornberg ist nicht nur die Stadt des Pulvers, sondern auch der Pilze. Im Spätsommer und Herbst finden jede Menge Veranstaltungen rund um das Thema Pilze statt.

Klosterweiher
Peter-Thumb-Straße 16a
79877 Friedenweiler
07651 2557

51 Abkühlung im kältesten Badesee

Klosterweiher

Auf zum kältesten Badesee der Umgebung! Wie der Name verrät, gehörte der Klosterweiher in Friedenweiler zur einstigen Abtei vor Ort und diente der Versorgung der Nonnen mit Fisch für den Freitag als Fastentag. Seine dunkle Farbe verleiht ihm das Moor, wie bei allen Naturgewässern im Hochschwarzwald.

Heute ist der Weiher in erster Linie ein Badesee. Selten erreicht das Wasser 20 °C, meist liegt die Temperatur deutlich darunter. Schuld ist der Durchfluss des kühlen Klosterbaches, dessen Quellzuflüsse im Waldgebiet um Kleineisenbach liegen. In den 1970er-Jahren wurde direkt am See ein beheiztes Freibad gebaut. Heute kämpft ein rühriger Verein mit einem bunten Veranstaltungsprogramm darum, die laufenden Kosten decken zu können.

Bei den hitzegeplagten Menschen aus dem Unterland, gemeint ist die Gegend um Freiburg, gilt der See als erfrischender Geheimtipp. Doch man sollte nicht zu empfindlich sein. Selbst an heißen Sommertagen im August kostet es so manchen Überwindung, in den kalten See zu steigen. Hat man es geschafft, ist eine wohltuende Abkühlung garantiert. Auf der östlichen Seite steht ein Sprungturm, den gab es schon in meiner Kindheit, als man nur im Weiher baden konnte. Die nostalgischen Umkleidekabinen aus Holz mussten zugunsten der Liegewiese weichen. Relativ neu ist die in der Mitte des Sees vertäute Floßinsel, noch jüngeren Datums das Fährfloß. Mit Muskelkraft zieht man sich und seine Passagiere darauf an einem Seil über das Wassere. Für Familien mit Kleinkindern ist ein eigener Bereich mit Planschbecken und Spielgeräten reserviert. *BH*

Nach Einbruch der Dunkelheit flattern an warmen Sommertagen Fledermausschwärme über das Wasser.

Warum jetzt?
Als Geheimtipp ist der See selbst im heißen August nicht überlaufen und verschafft die gewünschte Abkühlung.

Beachten!
Obwohl der Weiher naturbelassen ist, gelten Öffnungszeiten, die Sie online einsehen können.

Wann sonst?
An Herbsttagen lädt der Weiher zu einem idyllischen Spaziergang am Ufer ein.

Herzogenhorn
79872 Bernau
Ausgangspunkt:
Leistungszentrum Herzogenhorn
Dr.-Fredy-Stober-Straße 7
79868 Feldberg

Berggasthaus Krunkelbachhütte
Krunkelbachweg 10
79872 Bernau
07675 338

52 Ein Meer von Heidelbeeren

Herzogenhorn

Wer wie ich Heidelbeeren liebt, ist am Herzogenhorn richtig, denn dort gibt es sie im August massenweise. Ursächlich ist hierfür der saure moorige bis sandige Boden auf den Schwarzwaldhöhen. Wurden früher die Flächen gewerbemäßig abgeerntet, nimmt man heute Augenmaß. Heidelbeeren sind die Hauptnahrung der vom Aussterben bedrohten Auerhühner. Das Sammeln – vorsichtig mit einem speziellen Kamm, der Raffel – ist für den Eigenbedarf erlaubt. Dabei kann man sich bei etwa an einem Kilogramm pro Person orientieren.

Beim Pflücken stößt man auf eine seltsame Formation am Boden unterhalb des Abzweigs zum Herzogenhorngipfel auf dem Weg Richtung Gisiboden. Sie ist zwar mit Heidelbeerstauden überwachsen, aber dennoch deutlich zu erkennen. Hinter der wallartigen Bodenerhebung verbirgt sich eine von Menschenhand geschaffene Anlage, nach Westen ausgerichtet, deren Form an ein Dreieck erinnert: eine Verteidigungsschanze. Die »Schwedenschanze« war Teil einer Verteidigungslinie von Karlsruhe über den Schwarzwald bis zum Hochrhein. Sie diente als Abwehr- und Beobachtungsposten. Der Name geht auf den Dreißigjährigen Krieg zurück, doch auf dem Schild bei der Schanze wird das Jahr 1672 angegeben. Damals brach der Holländische Krieg in Europa aus und reaktivierte die alte Verteidigungslinie aus den Schwedenkriegen.

Heute ist die Schwedenschanze ein Bodendenkmal und dient als Markierungspunkt am Rande des Wanderwegs. Im August wirkt die sonnige Freifläche nahezu karg, wären da nicht die üppigen Heidelbeersträucher.

BH

Folgen Sie nach der Schwedenschanze dem linken Wanderweg um das Herzogenhorn herum zur Krunkelbachhütte, die für ihr Bauernvesper bekannt ist.

Warum jetzt?
Jetzt können Sie auf einem Spaziergang körbeweise Heidelbeeren pflücken und zugleich die Umgebung in Ruhe erkunden.

Beachten!
Nehmen Sie einen Behälter für die Heidelbeeren mit. Da es nur wenig Schatten gibt, auch Kopfbedeckung und Sonnencreme nicht vergessen!

Wann sonst?
Im Frühjahr und Herbst leuchtet die weite Landschaft in den Farben der Jahreszeiten.

Hans-Thoma-Kunstmuseum
Rathausstraße 18
79872 Bernau-Innerlehen
07675 160040

Leistungszentrum Herzogenhorn
Dr.-Fredy-Stober-Straße 7
79868 Feldberg

53 Exklusive Sonderausstellungen

Hans-Thoma-Kunstmuseum

Das Hans-Thoma-Kunstmuseum hat sich einen exzellenten Ruf weit über die Grenzen des Schwarzwalds erworben. Regelmäßig finden Sonderausstellungen statt, bei denen Werke einzelner Künstler oder mit thematischem Bezug präsentiert werden. Im August bis September widmet sich die Schau entweder dem Gewinner des Hans-Thoma-Kunst- oder des Naturenergie-Förderpreises.

Ein weiterer Anziehungspunkt sind die Dauerausstellungen der zwei heimischen Künstler Hans Thoma und Karl Hauptmann. Ihre Werke sind untrennbar mit dem Schwarzwald verbunden. Beide wurden im 19. Jahrhundert geboren, Hans Thoma in Bernau-Oberlehen. Er zeichnete von Kindesbeinen an und arrivierte um 1900 zu Deutschlands beliebtestem Landschafts- und Porträtmaler. Seine Mutter stammte aus Menzenschwand und war eine Verwandte der berühmten Gebrüder Winterhalter. Thoma musste viele künstlerische und finanzielle Rückschläge in Kauf nehmen, ehe ihm der Durchbruch gelang. Höhepunkt seiner Karriere war die Berufung als Professor an die Kunstschule in Karlsruhe.

Karl Hauptmann wird auch »Der Feldbergmaler« genannt. Er stammte aus Freiburg, doch nach dem Einsatz als Gebirgsjäger im Ersten Weltkrieg zog es ihn oft in die Stille des Hochschwarzwalds. Gemeinsam mit einem Freund kaufte er sich eine abgelegene Hütte auf dem Herzogenhorn. Das »Molerhüsli«, wie er die Hütte nannte, wurde Dreh- und Angelpunkt vieler Intellektueller und Künstler. Karl Hauptmanns Bilder zeigen überwiegend die Winterlandschaft im Feldberggebiet. *BH*

Das Molerhüsli, in Privatbesitz, finden Sie auf der halben Wanderstrecke zum Herzogenhorn, versteckt zwischen Tannen gegenüber dem Leistungszentrum.

Warum jetzt?
Ab August bis in den September ergänzen Sonderausstellungen von Preisträgern das regional geprägte Portfolio.

Beachten!
Ein barrierefreier Eingang – mit Aufzug über die Tourist-Info – liegt um die Ecke.

Wann sonst?
Im Winter vermitteln die Schwarzwälder Ansichten des Schneemalers Hauptmann eine heimelige Atmosphäre.

Herbst

Wiesental im Südlichen Schwarzwald

Doniswald
Neben dem Rathaus
Rathausstraße
78126 Königsfeld
im Schwarzwald
Natursportpark
Königsfeld
Schwimmbad 2
78126 Königsfeld

54 Ein Besuch bei den Eichhörnchen

Doniswald

Neben dem Rathaus in Königsfeld liegt ein grünes Paradies. Im Doniswald lauschen Sie Vogelgezwitscher, spazieren zum idyllischen Weiher, genießen Natur pur – und besuchen flauschige Vierbeiner, die dem Gebiet seinen Namen im Volksmund gaben: Eichhörnchenwald.

Einst Bauernforst des Donishofs, wurde das Gelände vor rund 160 Jahren zum Park des Kurortes umgewandelt. Selbst an Sommertagen herrscht unter dem dichten Blätterdach ein wohltuendes Klima. Tafeln erläutern interessierten Spaziergängern die Tier- und Pflanzenwelt. Sie erfahren, welche Bäume bis zu 1.000 Jahre alt werden oder aus welchen Rinden Medizin hergestellt wurde. Die Besonderheit im Eichhörnchenwald sind jedoch die kleinen Nagetiere. Sie können die zutraulichen Tiere dabei beobachten, wie sie die Stämme herauf- und heruntersausen oder Fangen auf dem weichen Waldboden spielen. Die Vierbeiner haben sich derart an die Menschen gewöhnt, dass sie ihnen sogar aus der Hand fressen. Nehmen Sie ein paar Haselnüsse oder Walnüsse mit, stellen oder setzen Sie sich ruhig hin, bis die Eichhörnchen auf Sie zukommen, um die Leckerbissen zu ergattern. Da die Tiere bereits ab dem Spätsommer Nüsse für den Winter sammeln und sie vergraben, sollten sie mit Schalen angeboten werden.

Falls Sie Ihren Kreislauf anregen und sich abkühlen möchten, sollten Sie zu einer der beiden Wassertretanlagen am Rande des Doniswalds spazieren. Ebenfalls am Rande liegt der malerische Weiher. Auf einer der Bänke am Ufer können Sie die schnatternden Enten beobachten. *DS*

Schauen Sie im kostenfreien Natursportpark vorbei. Klettergerüste, ein Bewegungs- und Sinnespfad und Naturgewässer bieten Sport und Spiel für alle.

Warum jetzt?
Werden die Tage kürzer, beginnen die Eichhörnchen, Proviant für den Winter zu sammeln. An warmen Septembertagen bietet der Wald Sonnenschutz und Abkühlung.

Beachten!
Bringen Sie Nüsse mit Schalen für die Winterdepots der Nager mit. Sie lieben Hasel- und Walnüsse.

Wann sonst?
Im Frühsommer ist der Weiher am Waldesrand mit schönen Seerosen übersät.

Kaiserstuhl
Ausgangspunkt Kaiserstuhlpfad:
Restaurant Lenzenberg
Lenzenbergstraße
79241 Ihringen
07668 284

Breisach-Touristik
Marktplatz 16
79206 Breisach
07667 940155

55 Zur Weinlese
Kaiserstuhl

Er gilt als Sonnenstube, Paradies für Wanderer und Radfahrer und ertragreiches Rebland. Im Süden des Kaiserstuhls liegt sogar der »heißeste Weinberg Deutschlands«, der Ihringer Winklerberg. »Wein vom Vulkan« lautet der Slogan der Kaiserstühler Winzergenossenschaften, die ein Drittel der badischen Weine erzeugen. Berühmt sind die Grau- und Spätburgunder, aber auch der Kaiserstühler Müller-Thurgau und der Silvaner.

Zur Weinlese im Spätsommer leuchten die Reben in sanftem Licht, während an den Hängen das emsige Treiben der Ernte zu beobachten ist. Dann empfiehlt sich auch ein Besuch der malerischen Weinorte und Winzerdörfer mit ihren Fachwerkgassen und Straußwirtschaften, in denen zum zünftigen Vesper der »Neue Süße« kredenzt wird.

Mit einer Ausdehnung von nur 16 auf 12 Kilometer ist der Kaiserstuhl eine überschaubare Wanderregion, die eine einzigartige malerische Natur bietet. Die Region beheimatet zahlreiche Tiere und Pflanzen, die sich unter der südlichen Sonne der Terrassenlandschaft wohlfühlen. Von Endingen im Norden führt der 22 Kilometer lange Kaiserstuhlpfad als *Qualitätsweg Wanderbares Deutschland* über den Hauptkamm nach Ihringen im Süden und bietet dabei fantastische Aussichten vom Katharinenberg, dem Totenkopf – der mit 558 Metern höchsten Erhebung – und der Eichelspitze mit ihrem Aussichtsturm. Vogtsburg ist mit etwa 1.500 Hektar die größte Weinbaugemeinde Baden-Württembergs, während man im südlich gelegenen Achkarren allerhand über den Winzerberuf im Kaiserstühler Weinbaumuseum erfährt. *EG*

Besuchen Sie die Gewölbe des Breisacher Münsterbergs, wo Sektflaschen im Stollen auf das »Rütteln« warten.

Ihringen

Warum jetzt?
Zur Weinlese ab Anfang September zeigt sich der Kaiserstuhl mit seinen Winzerdörfern und offenen Straußwirtschaften von seiner geselligen Seite.

Beachten!
Sie können bei der Weinlese am Kaiserstuhl mitmachen – Kellerführung, Weinprobe und Imbiss im Feld inklusive!

Wann sonst?
Im Frühjahr erblüht der Kaiserstuhl. Zahlreiche Orchideen strahlen in der Sonne, und mit etwas Glück entdeckt man eine Smaragdeidechse.

Hornisgrinde
Startpunkt für Wanderung:
Parkplätze am Mummelsee
B500 (Schwarzwaldhochstraße)
77889 Seebach

Ski- und Wanderheim »Ochsenstall«
Hundsrücken 1
77815 Bühl-Unterstmatt
07226 920911

56 Der Höchste und Spektakulärste

Hornisgrinde

Es ist ein faszinierender und geschundener Berg, die Hornisgrinde, mit 1.164 Meter höchste Erhebung des Nordschwarzwalds. Fast das ganze 20. Jahrhundert herrschte hier das Militär, der Gipfel war bis 1997 Sperrgebiet. Unter den hochsensiblen Hochmoor- und Grindenflächen sind noch zahlreiche militärische Hinterlassenschaften verborgen. Die Bunkeranlagen sind an einzelnen Tagen im Jahr zugänglich.

Am »Tag des offenen Denkmals« im September können zusätzlich historische Armeefahrzeuge besichtigt werden. Im Herbst ist zudem weniger los als im Sommer. Wer die ausgetretenen Wege verlässt, wird die Honigrinde schnell lieben lernen und seine Geschichten erkunden. Während etwa der Gipfel badisch ist, findet sich einige Höhenmeter tiefer im Wald versteckt der historische Dreifürstenstein, der höchste Punkt des württembergischen Landesteils – früher mussten sich drei Fürstentümer die Hornisgrinde »teilen«.

Ein gewaltiges Windrad und ein 206 Meter hoher Sendemast prägen den langen Bergrücken. Faszinierend ist der Blick hinab in die Tiefe: Die Rheinebene liegt rund 1.000 Meter unter dem Betrachter. Das Klima auf dem Gipfel kann extrem sein. Windschutz bieten eine Hütte und der Aussichtsturm des Schwarzwaldvereins am südlichen Ende des Plateaus. Er ist verglast und beheizt. Besonders eindrücklich sind gelegentliche Fata Morganen, bei denen die Alpengipfel in der Ferne binnen weniger Minuten immer wieder andere, teils skurrile Formen annehmen. *MK*

Wer den Sonnenaufgang erleben möchte, übernachtet im Ski- und Wanderheim Ochsenstall. Die Hütte ist vom Gipfel in 30 Minuten erreichbar.

Warum jetzt?
Am 2. Sonntag im September ist »Tag des offenen Denkmals«, an dem die Bunkeranlage inklusive historischer Militärfahrzeuge besichtigt werden kann.

Beachten!
Achten Sie auf den Wetterbericht und auf entsprechende Kleidung.

Wann sonst?
Im gesamten Herbst ist weniger los auf der Hornisgrinde und am nahen Mummelsee.

Giersteine
Parkplatz:
Giersteinstraße 24
76596 Forbach-Bermersbach
Murgtal-Museum
Kirchstraße 15
76596 Forbach-
Bermersbach
07228 390

57 Die Kraft der Natur

Giersteine bei Bermersbach

Hoch über dem Murgtal liegen die Giersteine. Die außergewöhnliche Form und die eindrucksvolle Lage verleiten Menschen seit Jahrhunderten zu Spekulationen über Ursprung und Funktion des heutigen Naturdenkmals.

Geheimnisvolle Sagen ranken sich um die Gruppe imposanter Granitblöcke. Die im Volksmund überlieferten Namen für die Furchen in den Steinen nährten seit jeher ihren Mythos. Begriffe wie »Blutrinnen«, »Opferkessel«, »Hexenstein« oder »Druidensitz« setzen in den Köpfen Bilder von Opferritualen frei. Dienten die Felsen einst heidnischen Priestern als heilige Stätte? Oder brachten die Römer hier Blutopfer dar? Missbrauchten gar die Nationalsozialisten den Ort für ihre Verherrlichung des germanischen Kults?

Bis heute konkurrieren unterschiedliche Deutungen miteinander, welche Funktion die Felsen erfüllten und woher die Kerben im Gestein stammen. Eine rationale Theorie besagt, dass die Rillen im Laufe der Jahrtausende durch Verwitterung entstanden sind. Ungeachtet dessen bleiben die Giersteine ein einzigartiger Ort, der die Fantasie der Menschen anregt.

Einen wesentlicher Teil der mystischen Atmosphäre begründet sich durch den exponierten Standort. Rund 150 Meter über der Murg bietet sich ein beeindruckendes Panorama. In den größten der Blöcke ist eine Treppe gehauen, um den Aufstieg zu ermöglichen. Oben auf dem Felsen sowie in dem Aussichtspavillon können Besucher die sagenhafte Umgebung auf sich wirken und ihren Gedanken freien Lauf lassen. *DS*

Besuchen Sie das Murgtal-Museum in Bermersbach. Die 1986 eröffnete Ausstellung im einstigen Schulhaus präsentiert Utensilien aus dem Alltag im Nordschwarzwald.

Warum jetzt?
Wenn die Dahlienbeete rundum blühen, entfaltet der Ort eine besonders magische Aura.

Beachten!
Informieren Sie sich vorab über die Wetterverhältnisse und nehmen Sie angepasste Kleidung mit.

Wann sonst?
Im späten Herbst, wenn der Nebel die Täler einhüllt, herrscht eine mystische Atmosphäre.

Bühler Zwetschgenfest
Innenstadt
Hauptstraße
77815 Bühl

58 Die blaue Königin der Früchte

Zwetschgenfest

Bühl, zehn Kilometer südwestlich von Baden-Baden, ist für seine Zwetschgen und das alljährliche Zwetschgenfest weithin bekannt. Die süße blaue Frucht machte einst die Bühler Gegend als Obstbauregion bekannt. Die Feierlichkeiten wurden erstmals 1927 als Erntedankfest veranstaltet und stehen heute für Schwarzwälder Tradition. Sie bilden als eines der größten Heimat- und Volksfeste der Region einen Höhepunkt im Jahreskalender des Nordschwarzwalds und ziehen jährlich Zehntausende Besucher an.

Immer rund um das zweite Septemberwochenende steht die Stadt ganz im Zeichen der Zwetschge. Für fünf Tage verwandelt sich die Innenstadt in eine pulsierende Festmeile. Traditioneller Auftakt bildet der formelle Fassanstich des Oberbürgermeisters im Festzelt, während der Festumzug am Sonntagnachmittag eine der Hauptattraktionen darstellt. Lokale Gruppen und Vereine ziehen zu Fuß oder auf bunten Motivwagen durch die Straßen. Kapellen und Fanfaren begleiten die frisch erkorene Zwetschgenkönigin, die sich als »Blaue Königin« dem Publikum präsentiert.

Den Gästen wird während der gesamten Festtage neben einem vielfältigen Kulturprogramm auf verschiedenen Bühnen einer der attraktivsten Vergnügungsparks des Schwarzwalds mit Fahrgeschäften, Kinderkarussells und Imbissständen geboten. Neben dem Festzelt sorgen zudem ein Weindorf und diverse kulinarische Angebote fürs leibliche Wohl, wobei die Bühler Zwetschge natürlich in verschiedenen Variationen genossen werden kann. *RD*

Die Gegend rund um Bühl prägen die sanften Hügel der Weinberge, eingerahmt vom Rhein im Westen und von den Schwarzwaldhöhen im Osten.

Bühl

Warum jetzt?
Beim Zwetschgenfest rund um das zweite Septemberwochenende lernt man Bühl von seiner traditionellen und vergnüglichen Seite kennen.

Beachten!
Informieren Sie sich auf der Website der Stadt über den genauen Termin und die Details zum Festumzug.

Wann sonst?
Der Herbst lädt rund um Bühl zu einer Wanderung zwischen gelbrot leuchtenden Weinreben ein.

Weingut Sieferle
Käfersbergweg 7
77799 Ortenberg
0781 32766

59 Es wird ausgeschenkt!

Straußwirtschaft Sieferle

Ein Besuch in einer Straußwirtschaft ist in den Weinbaugebieten des Schwarzwalds ein Muss! In den Gaststätten bietet der Winzer zu bestimmten Zeiten seinen selbst erzeugten Wein in den eigenen Räumlichkeiten an. Dazu werden regionale Gerichte serviert, oft ebenfalls aus eigener Erzeugung. Die Straußwirtschaften dürfen im Jahr lediglich vier Monate öffnen, die sich meist auf zwei zusammenhängende Phasen verteilen. Im Herbst hängt ab Anfang September ein Strauß am Tor: Es wird ausgeschenkt!

Auf dem Weingut Sieferle wurden die ehemaligen Stallungen und die Scheune zu einer zünftigen Schenke umgebaut. Im liebevoll dekorierten Gastraum finden ungefähr 70 Menschen Platz, bei schönem Wetter wartet der lauschige Innenhof mit weiteren 70 Sitzgelegenheiten. Es geht gemütlich zu, die Gäste kommen schnell miteinander ins Gespräch, Einheimische mit Urlaubern, Alteingesessene mit Ausflüglern, man rückt zusammen.

Auf der Speisekarte stehen traditionelle regionale und straußentypische Gerichte, wie »Bibiliskäse«, eine badische Quarkspeise, oder Winzerkäse mit Weingelee. Wer etwas Leichtes bevorzugt, kann zu einer der Salatvariationen greifen. Ein zusätzliches Angebot variiert täglich, so wird Schinken im Brotteig oder »Brägili« serviert. Sie kennen »Brägili« nicht? Die Bratkartoffeln schmecken bei den Sieferles unglaublich lecker! Bestellen Sie dazu Wurstsalat und einen leichten Roséwein, eine unschlagbare Kombination! *DS*

Werfen Sie einen Blick in den Hofladen, wo Sie eine Auswahl an Weinen, Likören, Schnäpsen und Gelees finden – alles Eigenprodukte der Familie Sieferle.

Warum jetzt?
Der Ausschank im Herbst zur Erntezeit bietet Flair bei lokalen Tropfen und regionalen Speisen.

Beachten!
Das Weingut veranstaltet besondere Events. Informieren Sie sich online über Themen und Termine.

Wann sonst?
Im Frühjahr hängt meist von März bis Mai der Strauß am Tor.

Radon Revital Bad St. Blasien-Menzenschwand
In der Friedrichsruhe 13
79837 St. Blasien-Menzenschwand
07675 929104

Menzenschwander Wasserfälle
Hinterdorfstraße 58
79837 St. Blasien

60 Salzwasser über Schwarzdornzweige

Radon Revital Bad

Entspannung im warmen Nass mitten im Wald – das erleben Sie im *Revital Bad* in St. Blasien-Menzenschwand. Ein großzügiger Innen- und Außenbereich, zwei wohltemperierte Becken mit gesundheitsförderndem, fluoridhaltigem Heilwasser und diverse Saunen bieten ein Rundumpflegepaket. Zugleich wirkt die Aussicht auf die Schwarzwaldhügel und ins Menzenschwander Tal wie Balsam für Körper und Geist.

Im Bewegungsbecken mit 33 Grad können Gäste in der hellen Therme oder unter freiem Himmel Bahnen ziehen. Wohltuend für die Muskeln wirkt eine Massage an den Düsen oder auf den Luftsprudelliegen im Wärmebassin bei 37 Grad. Noch höhere Temperaturen herrschen in der finnischen Saunakabine, in der man bei 90 Grad mächtig ins Schwitzen kommt. Hitzeempfindliche Besucher sollten hingegen die Warmluftsauna mit moderaten 70 Grad aufsuchen, um Herz und Abwehrkräfte nicht zu überfordern. Das Freiluftareal bietet neben dem Außenbecken und einem Saunagarten komfortable Liegen, auf denen die Höhensonne und die frische Luft des Hochschwarzwalds genossen werden können.

Um die Atemwege gründlich zu reinigen, sollten Sie im Spätsommer vor dem Gradierwerk Platz nehmen. Wasser mit einem Salzgehalt von fünf Prozent plätschert über Schwarzdornzweige und befeuchtet Nase, Rachen und Bronchien. Verspüren Sie Hunger oder Durst, werden Sie von einem Bistro mit kleinen Speisen und Getränken versorgt. Verzehren Sie die Leckereien auf einer der bequemen Liegen und lauschen Sie den Geräuschen des Schwarzwalds! *DS*

Der Barfußpfad mit unterschiedlichen natürlichen Untergründen regt die Durchblutung an.

St. Blasien-Menzenschwand

Warum jetzt?
Im Spätsommer können Sie die Außenanlage noch uneingeschränkt nutzen und vor dem Gradierwerk Platz nehmen, um Ihr Immunsystem für die kalte Jahreszeit zu stärken.

Beachten!
An den letzten warmen Tagen bieten sich im Außenbereich einzigartige Ausblicke in die herrliche Natur mitten im Schwarzwald.

Wann sonst?
An kalten Wintertagen fördert die wohltuende Wärme der Saunen die Gesundheit.

Freizeitpark Rotfelden
(April–Oktober)
Kamelweg 1
72224 Ebhausen-
Rotfelden

61 Das Runde muss ins Runde!

Freizeitpark Rotfelden

Im Freizeitpark Rotfelden locken zahlreiche Attraktionen. Auf einem weitläufigen Outdoor-Spielgelände können sich Kinder austoben, sei es auf dem Matsch- und Wasserspielplatz, der großen Strohhüpfburg oder in der zweistöckigen Spielscheune mit Rutsche und Tischtennisplatten. Im Streichelzoo erwarten flauschige Kamele, Ziegen, Schafe, Kaninchen und Federvieh kleine und große Besucher. Wer keine Berührungsängste hat, darf die Tiere füttern, streicheln oder auch führen.

Auf dem Gelände einer ehemaligen Kamelfarm ist zudem ein großer Fußballgolf-Parcours mit 18 unterschiedlich langen Bahnen entstanden. Der Schwierigkeitsgrad hängt von den jeweiligen Hindernissen ab. In rund 90 Minuten pro Runde probieren Gruppen mit viel Spaß ihr Geschick am Ball – und Glück.

Da Bewegung an der frischen Luft hungrig macht, empfiehlt sich eine Rast in dem gemütlichen Biergarten bei der Fußballgolf-Anlage, der kleine Imbisse bereithält. Wer gutbürgerliche regionale Küche bevorzugt, sollte hingegen in die rustikal eingerichtete Gaststätte *Zur Eule* im Hauptgebäude einkehren. Alternativ kann man sich selbst an Grillstellen verpflegen. Alle Utensilien für die Feuerstelle werden für eine geringfügige Pauschale gestellt, während das Grillgut von Zuhause mitgebracht werden kann. Parkplätze sind ausreichend vorhanden. *DS*

Der Tag in der Natur mit Bewegung, Spaß und Gaumenschmaus vergeht wie im Flug. Falls er nicht ausreicht, bietet der Park außergewöhnliche Übernachtungen an: im Heu! Eine Decke und einen Schlafsack sollte jeder Besucher mitbringen. Alternativ stehen Familien- oder Doppelzimmer zur Verfügung.

Warum jetzt?
Nutzen Sie an den letzten warmen Tage im Jahr die Angebote ohne langes Anstehen.

Beachten!
Sollte das Wetter nicht mitspielen, sind ausreichend überdachte Attraktionen und Gastronomie vorhanden.

Wann sonst?
Auch im Frühjahr, wenn die ersten Sonnenstrahlen wärmen, ist noch nicht so viel los wie im Sommer.

Birkendorfer Hagehole
(Oktober alle zwei Jahre)
Haus des Gastes
Schwarzwaldstraße 44
79777 Ühlingen-Birkendorf

Naturerlebnispfad Schlühüwanapark
Schlüchtseeweg 8
Startpunkt:
Wanderparkplatz Hüsli
Rothauser Straße 17
79865 Grafenhausen-Rothaus

62 Der verrückteste Almabtrieb

Birkendorfer Hagehole

Der »Chilbisamschdig«, der dritte Samstag im Oktober, steht in Birkendorf alle zwei Jahre im Zeichen des »Hage« (Stier). Birkendorfer Hagehole heißt das Fest, eine jahrhundertealte Tradition, die inzwischen Kultcharakter genießt. Ins Leben gerufen wurde sie wohl als Danksagung für eine geglückte Weidesaison.

Seit 2006 erlebt das Brauchtum eine Renaissance. Beim Almabtrieb der anderen Art stehen vier männliche Rinder im Mittelpunkt, wenn sie von der Sommerweide wieder in den Stall geholt werden. Beim »Hagewiegen« werden die vier »Hägili« gemeinsam mit Persönlichkeiten aus der Region gewogen. Unter anderem leisteten der Bürgermeister, Fleischfachverkäuferinnen, Grafhuser Maidli und 2022 die Damenmannschaft der SG Steina-Schlüchttal den Bullen auf der Waage Gesellschaft. Ein Rahmenprogramm rund um das »Hagehus« und im Haus des Gastes sorgt für ausgelassene Stimmung.

Im goldenen Herbst empfiehlt sich ein Abstecher zum *Naturerlebnispfad Schlühüwanapark* im nahen Grafenhausen, der zum Schlüchtsee führt. An 15 Stationen bevölkern in diesem »Schlüchtsee-Hüsli-Wander-Naturerlebnis« geschnitzte Skulpturen und aus Wurzeln geformte Waldgesichter die Route. »Vor unendlicher Zeit, lange bevor der Mensch in die Hochtäler des heutigen Schwarzwalds vordrang, bewohnten Berggeister, sogenannte ›Gnome‹, die damaligen Urwälder …«, so lesen wir auf einer der märchenhaften Tafeln. *EG*

Gegenüber der Rothaus-Brauerei wohnte einst Professor Brinkmann zur Zeit der *Schwarzwaldklinik*. Das »Hüsli« ist ein echtes Stück Schwarzwaldarchitektur.

Warum jetzt?
Am dritten Samstag im Oktober findet in ungeraden Jahren das »Hagehole« statt, das vergnügliche Fest zu Ehren von vier männlichen Rindern.

Beachten!
Informieren Sie sich vorab auf der Website des Events über den Termin und das Programm.

Wann sonst?
Im Sommer lohnt ein Besuch des *Naturena Badesees* – das idyllische Bad in Birkendorf punktet mit kristallklarem Wasser ohne Einsatz von Chemie.

Klosterreichenbach in
Baiersbronn
Startpunkt Stadtrundgang:
Hauffs Märchenmuseum
Alte Reichenbacher Straße 1
72270 Baiersbronn
07442 84140

Baiersbronn Touristik
Rosenplatz 3
72270 Baiersbronn
07442 84140

63 Ein Herbsttraum

Stadtrundgang

An diesem goldenen Oktobertag spiegeln sich die Tannen und das bunte Laub in klaren Farben auf der Oberfläche des Sankenbachsee. Der Karsee verfügt durch Aufschütten des früheren Endmoränenwalls immerhin über sieben Meter Tiefe. Vom Parkplatz Sankenbach führt ein gemütlicher Spazierweg am Rotwildgehege vorbei durch den Wald zum See. Die gesamte Natur rund um Baiersbronn leuchtet in herbstlichen Tönen.

Die *Baiersbronner Himmelswege* führen zu landschaftlichen Höhepunkten, ergonomisch geformte hölzerne »Himmelsliegen« laden zum Ausruhen ein. Von Bäumen, die »so dicht und so hoch standen, dass es am hellen Tag beinahe wie Nacht war«, schrieb Wilhelm Hauff. *Hauffs Märchenmuseum* in Baiersbronn-Oberdorf zeigt seine Märchenwelt. Ein besonderer Erlebnispfad – *Von Mönchen und Lehensbauern* – führt zu den Spuren der ersten Siedler dieser dichten Wälder, so auch zu einem der ältesten Schwarzwaldklöster: Klosterreichenbach. Auch in diesem Baiersbronner Ortsteil zeigt sich die herbstliche Landschaft in ihrer ganzen Strahlkraft. Die frische Luft wirkt wohltuend in diesem Kurort, der zu den ältesten und traditionsreichsten im Murgtal zählt.

Auf eine Zeitreise über 250 Jahre in die Vergangenheit begibt man sich in Buhlbach, wo am Ortsende die 1758 gegründete Glashütte von ehrenamtlichen Helfern wieder zum Leben erweckt wurde. Der internationale Ruf von Buhlbach begründet sich in der Entwicklung der druckfesten Champagnerflasche, dem »Buhlbacher Schlegel«, der vom Schwarzwald aus die Welt erobern sollte.

EG

Baiersbronn bietet eine namhafte Auswahl an sternegekrönten Gourmetküchen, traditionellen Gasthäusern und urigen Wanderhütten.

Warum jetzt?
Im Oktober erstrahlt die Landschaft um Baiersbronn bilderbuchhaft in allen Rottönen.

Beachten!
Erkundigen Sie sich auf der Website der Tourist-Info über die Öffnungszeiten der Glashütte.

Wann sonst?
Der Sankenbachsee kann im Sommer zum Baden genutzt werden.

Schloss Staufenberg
Markgraf von Baden
Weinstube
Schloss Staufenberg
77770 Durbach
0781 92465838

64 Die Terrasse der Ortenau

Schloss und Weinstube Staufenberg

Über Durbach thront das Schloss Staufenberg auf einer Felsnase inmitten der Rebhänge an der Badischen Weinstraße. Die Höhenburg wurde im 11. und 12. Jahrhundert von den Zähringern errichtet. Nach einer wechselvollen Geschichte gelangte die Festung endgültig in den Besitz der Markgrafen von Baden und wurde 1832 zum Schloss ausgebaut.

Von der markgräflichen Schlossterrasse, auch »Terrasse der Ortenau« genannt, genießen Sie auf der einen Seite einen großartigen Blick über malerische Weinberge, hinunter in die Rheinebene und ins Elsass bis zu den Vogesen. Auf der anderen zeigt sich eine Aussicht über dunkelgrüne Schwarzwaldhöhen. Besonders schön wirkt das Panorama im Herbst, wenn das Laub der Reben leuchtet. Zu der stimmungsvollen Atmosphäre passt ein Gläschen Wein vom Gut *Markgraf von Baden*, das Sie auf der Sonnenterrasse oder in der Weinstube zu sich nehmen können. Der früheste Hinweis für die Kultivierung von Reben rund um den Staufenberg wird auf das Jahr 1366 datiert, doch ist es wahrscheinlich, dass der regionale Weinbau sogar älter ist als die Burg. Heute überzeugen die edlen Tropfen weithin mit hervorragender Qualität. Kosten Sie dazu einen ofenfrischen Flammkuchen, ein rustikales Vesper oder eine badische Spezialität.

Rund um das Schloss zieht sich ein Netzwerk leichter Spazierwege mit gemütlichen Sitzgelegenheiten, an denen sich ebenfalls eine herrliche Aussicht bietet.

DS

In der Weinstube finden immer wieder Veranstaltungen statt, stets begleitet von einem leckeren Menü aus der Schlossküche. Bei einer Weinprobe bietet sich die Möglichkeit, die Produkte des Weingutes zu kosten.

Warum jetzt?
Im Herbst leuchtet die Natur in zauberhaften Farben. Genießen Sie dazu einen Tropfen des Markgrafen von Baden!

Beachten!
Machen Sie einen Abstecher zum kleinen Hofladen am Fuße des Schlosses.

Wann sonst?
Im Frühling leuchten die umliegenden Weinberge in sattem Grün.

Hella-Glück-Stollen
(April–Oktober)
Parkplatz Besucherbergwerk
Neubulach
via: Bergwerkstraße
75387 Neubulach
07053 7346

65 Auf der Suche nach dem Silberschatz

Hella-Glück-Stollen

»Glück auf!« Der alte Bergmannsgruß steht für die Hoffnung der Kumpels, »es mögen sich Erzgänge auftun« und die Männer wieder gesund ans Tageslicht zurückkehren. Auch im Hella-Glück-Stollen hallte dieser Spruch durch die Gänge. Das Besucherbergwerk vermittelt heute Einblicke in die gefährliche Arbeit unter Tage und zugleich in ein wichtiges Kapitel der Geschichte der Region.

Ungefähr 1.000 Jahre alt ist die Bergbautradition in Neubulach. Abgetragen wurden Silbererz und Kupfer, Azurit und Malachit. Die brillanten Farben, die aus den Grubenerzen hergestellt wurden, fanden im Mittelalter hauptsächlich in der Kirchenmalerei Verwendung. Zu Beginn wurden die Bodenschätze an der Oberfläche in Vertiefungen geschürft, später Stollen in die Hänge getrieben, deren Länge heute auf 15 bis 20 Kilometer geschätzt wird.

Die *Stollengemeinschaft der historischen Bergwerke Neubulach e.V.* bietet von April bis Oktober sachkundige Führungen durch einen Teil der Stollen an. Dabei werden alte Werkzeuge gezeigt, das »Gezäh«, eine Feuersetzerei wird nachgestellt und Bergleute können interaktiv in Aktion beobachtet werden.

Da die Temperatur im Hella-Glück-Stollen ganzjährig acht Grad Celsius bei einer Luftfeuchtigkeit von mindestens 95 Prozent beträgt, ist robuste Kleidung und festes Schuhwerk zu empfehlen. *DS*

Wenn Sie tief in die Bergwelt abtauchen möchten, empfiehlt sich die Erlebnisführung durch die unteren Stollen. Auf einer ungefähr zwei Kilometer langen Strecke können Sie alte Grubengänge und Förderschächte erkunden.

Warum jetzt?
Wenn sich die Saison dem Ende zuneigt, ist Ihnen die Teilnahme an einer Führung sicher. Der Temperaturunterschied über und unter Tage ist zudem nicht allzu groß.

Beachten!
Die Besichtigung des Bergwerks ist nur mit Führung möglich. Denken Sie an warme Kleidung und festes Schuhwerk!

Wann sonst?
An milden Frühjahrstagen fällt der Temperaturunterschied im Stollen ebenfalls nicht zu stark ins Gewicht.

Dreisamtal
Startpunkt: **Verein Tourismus Dreisamtal e.V.**
Hauptstraße 24
79199 Kirchzarten
07661 907980

66 Eldorado für Mountainbiker

Dreisamtal

Drei Schwarzwaldberge rahmen das Dreisamtal mit seinen vier Gemeinden Kirchzarten, Oberried, Buchenbach und Stegen ein. So bieten sich zahlreiche Wander- und Bike-Möglichkeiten zwischen Schauinsland, Feldberg und Kandel. Höfener Hütte in Buchenbach, Erlenbacher Hütte in Vörlinsbach oder Hinterwaldkopfhütte in Zastler laden zur Einkehr.

Das Dreisamtal gilt als Eldorado für Mountainbiker. Immerhin fand hier 1995 die Mountainbike-Weltmeisterschaft statt und in Kirchzarten zählt der legendäre *Black Forest ULTRA Bike Marathon* zu den sportlichen Highlights der Region mit Strahlkraft. Die einzigartige Berglandschaft ist Heimat zahlreicher Mountainbike-Touren und -Parks für jeden Geschmack und für jedes Niveau. Freiburg gilt als Mekka der Trails, während in Todtnau und Kirchzarten Bikeparks Sportfans anlocken. In Kirchzarten kann man zudem auf den Spuren der *ULTRA*-Biker fahren.

Der Oktober bildet auch den Abschluss der Hauptsaison der klassischen Ballonfahrten. Ein erhebendes Gefühl ist es, im Heißluftballon des Luftfahrtunternehmens *Ballonsport Dreisamtal* über dem Breisgau-Hochschwarzwald zu schweben, wenn unter einem die Landschaft in roten, gelben und orangefarbenen Tönen leuchtet. Zum Sonnenaufgang oder zwei Stunden vor Sonnenuntergang herrschen besonders schöne Lichtverhältnisse. Und Heurutsche, Wackelbrett und Heuhüpfer auf dem Ruhbauernhof in Kirchzarten-Dietenbach laden Kinder auf den Heuspielplatz ein. *EG*

Schwarzwälder Viehabtrieb: Nach dem traditionellen Viehschmuckbinden werden die Kühe im Oktober von der Erlenbacher Weide ins Tal geführt.

Kirchzarten

Warum jetzt?
Am Ende der Mountainbike-Saison kann man die Trails bei gemäßigten Temperaturen ungestörter befahren.

Beachten!
Bitte die »Trail Rules« beachten und auf andere Menschen sowie die Natur Rücksicht nehmen.

Wann sonst?
Bei Schnee bietet das Dreisamtal zahlreiche Wintersportmöglichkeiten.

Die Bergstation
Schauinslandstraße 390
79254 Oberried
07602 771

Museums-Bergwerk Schauinsland
Schauinslandstraße 390,
dem Wegzeichen ab der
Bergstation circa
400 Meter folgen
79254 Oberried
0761 26468

67 In Watte gepackt

Bergstation auf dem Schauinsland

Die Bergstation auf Freiburgs Hausberg, dem Schauinsland, liegt auf 1.220 Meter. Sie ist für viele nicht nur Zwischenetappe, sondern mit dem gehobenen Ausflugsrestaurant auch Endziel. Sie kann von Horben aus, neun Kilometer südlich von Freiburg, mit der längsten und ältesten Umlaufseilbahn Deutschlands erreicht werden. Die Bahn, in den 1930er-Jahren erbaut, ist genauso alt wie die Bergstation.

Bewohner des Unterlands, wie das Rheintal genannt wird, nutzen den kurzen Weg zum Gipfel, um im Herbst dem Nebel zu entschweben und ein paar Sonnenstunden zu genießen. Im 14. Jahrhundert nannte man den Berg »Schouw-es-land«, also fast wie heute: »Schau-ins-land«. Und genau das sollten Sie tun! Am bequemsten an der Bergstation, entweder drinnen im Restaurant durch die Fenster oder von der luftigen Terrasse aus. Lassen Sie die wunderschöne Aussicht auf eine nahezu surreale Nebelwelt auf sich wirken. Vielleicht durchbrechen eine Erhöhung oder einzelne Nadelbäume die Wattedecke, die der Landschaft eine bizarre, märchenhafte Aura verleiht. Genießen Sie dabei Selbstgemachtes aus der Region. Anschließend können Sie im nostalgischen Kiosk aus den 1930er-Jahren stöbern.

Auf dem Rückweg halten Sie am besten Ihre Augen offen. Gelegentlich tummelt sich eine Herde Gämse auf der Holzschlägermatte, wie der Steilhang genannt wird. Etwa 800 dieser wilden vierbeinigen Bergbewohner leben im Schwarzwald, die meisten im Umkreis des Feldbergs. Die Wahrscheinlichkeit, den scheuen Tieren in freier Wildbahn zu begegnen, ist jedoch sehr gering.

AL

Das Bergwerk Schauinsland kann im Rahmen einer Führung besichtigt werden.

Oberried

Warum jetzt?
Wenn das Tal in Nebel gehüllt ist, können Sie auf dem Gipfel Sonnenstrahlen erhaschen. Dafür sorgt die Inversionswetterlage, die im Süden des Schwarzwalds in den Herbst- und Wintermonaten typisch ist.

Beachten!
Auf der Website der Bergstation können Sie sich nach den Live-Begebenheiten vor Ort erkundigen.

Wann sonst?
Im Sommer bietet die luftige Höhe Abkühlung. Die klare Sicht reicht von den Alpen bis zu den Vogesen, hinunter ins Rheintal vom Markgräfler Land bis zum Kaiserstuhl.

Literaturtage
Lesen auf dem Berg
Hochschwarzwald
Tourismus GmbH
Kurhaus Todtnauberg
Kurhausstraße 18
79674 Todtnauberg
07652 1206 8530
Pension Glöcklehof
Martin-Heidegger-
Weg 16
79674 Todtnauberg
07671 1320

68 Rauschende Worte in luftiger Höh'

Literaturtage *Lesen auf dem Berg*

In einer Gemeinde, in der sich die weiten Wiesen und die sattgrünen Wälder mit dem Himmel vereinen und Bauernhöfe mit ihren tief herunterhängenden Dächern Geschichten erzählen, findet eine besondere Kulturveranstaltung statt: die Literaturtage *Lesen auf dem Berg.* Kein Wunder, dass das malerische Todtnauberg die Organisatoren inspiriert hat, die Veranstaltung ins Leben zu rufen.

Bereits 2005 wurde die Lesungsreihe aus reiner Lust auf Literatur initiiert. Das *Lesen auf dem Berg* hat seitdem namenhafte Autoren aus Deutschland, der Schweiz und dem Elsass nach Todtnauberg gelockt. Das Programm zeigt sich vielseitig und bietet eine große Bandbreite an unterschiedlichen Genres: Gesellschaftsromane und politische Werke, Biografien und Kriminalromane.

Was die Literaturtage so besonders macht, ist die Möglichkeit, mit den Autoren ins Gespräch zu kommen. Podiumsdiskussionen und anschließender Austausch regen zum Nachdenken ein. Die Lesungen werden teils musikalisch umrahmt. Jazzige Klänge oder die Töne der Alphornbläser begleiten die vorgetragenen Schriftwerke. Neuerdings umrahmt zudem ein Schlemmerangebot die Veranstaltung. Gelesen wird meist im Kurhaus, doch auch an anderen Veranstaltungsorten kann man den Worten der Autoren lauschen, wie zum Beispiel an der schwindelerregenden Hängebrücke, von der man einen traumhaften Blick auf den berühmten Wasserfall werfen kann. *AL*

Die Pension Glöcklehof verwöhnt am Wochenende mit einer fantastischen Auswahl an selbst gebackenen Kuchen, inklusive der Schwarzwälder Kirschtorte. In der gemütlichen Cafêstube kann man sich durchprobieren und herausfinden, welches Backwerk das leckerste ist.

Warum jetzt?
Der Novembermonat mit seinem Wolkenkleid und frischem Wind eignet sich hervorragend dazu, den Worten der Autoren zu lauschen.

Beachten!
Informieren Sie sich vorab über die genauen Termine und die Autoren, die lesen.

Wann sonst?
Im Frühling öffnen sich bei Wanderungen rund um Todtnauberg klare Fernblicke. Wasserfall und Hängebrücke laden zum Erkunden ein.

Dorotheenhütte Wolfach
Glashüttenweg 4
77709 Wolfach
07834 83980

69 Schwarzwalds letzte Glasmanufaktur

Dorotheenhütte

Überall funkelt es! In der Dorotheenhütte glitzern bunte Tierfiguren, filigraner Schmuck und edle Trinkgefäße. Aufwendige Kunstobjekte und Blumenvasen aus hochwertigem Glas stechen ins Auge. Alle Produkte der Glasmanufaktur sind mundgeblasen und in Handarbeit geformt, geschliffen und verziert. Das angeschlossene Museum führt durch knapp 2.000 Jahre Glasgeschichte.

In den Ausstellungsräumen sind gläserne Kunstwerke von der Antike bis in die Neuzeit versammelt. Bereits vor rund 5.500 Jahren begannen die Menschen, Glas als Werkstoff zu nutzen. Die ersten Glashütten im Schwarzwald wurden vor über 800 Jahren gegründet. Zur Blütezeit existierten rund 100 Standorte, allerdings verschwand der größte Teil im Laufe der Jahrhunderte. Mittlerweile werden nur noch wenige Schauhütten im Schwarzwald betrieben und eine einzige aktive Glasbläserei: In der Dorotheenhütte werden heute wie einst hochwertige Artikel aus Glas und Bleikristall in traditioneller Handarbeit für den Verkauf hergestellt.

Einen Höhepunkt in der Dorotheenhütte bildet das Weihnachtsdorf, das Besucher in festliche Stimmung versetzt. Christbaumkugeln in vielen Farben und Formen schmücken Tannen und Marktstände. Der gläserne Weihnachtsschmuck wird durch ein breites Sortiment an Engeln, Krippenfiguren oder auch Nussknackern ergänzt.

Bei einer Führung durch die Glasmanufaktur erfahren Sie Wissenswertes über die Glasherstellung und -verarbeitung, über Glasbläser und -schleiferei. Wer möchte, kann im Anschluss an den Rundgang unter professioneller Anleitung seine eigene mundgeblasene Vase kreieren. *DS*

Genießen Sie in dem hauseigenen Restaurant badisch-schwäbische Gerichte oder hausgemachte Kuchen.

Wolfach

Warum jetzt?
Im oft trüben November setzt das Weihnachtsdorf einen Lichtpunkt und weckt Vorfreude! Für das Fest kann man sich mit Christbaumschmuck eindecken.

Beachten!
Der Eintritt zum Weihnachtsdorf ist frei. Für Mitmachangebote wird eine Anmeldung empfohlen.

Wann sonst?
Wer Weihnachten nicht erwarten kann, dem steht die Dorotheenhütte auch in der warmen Jahreshälfte offen.

Mummelsee
B500 (Schwarzwaldhochstraße)
77889 Seebach

Tourist-Information Seebach
Ruhesteinstraße 21
77889 Seebach
07842 948320

70 Auf der Suche nach Mystik

Mummelsee

Der Name des Mummelsees geht zurück auf Seerosen, die einst die Wasseroberfläche bedeckten und früher im Volksmund »Mummeln« genannt wurden. Das 3,7 Hektar große und 17 Meter tiefe Gewässer ist der größte der zehn Karseen im Nordschwarzwald und die Quelle zahlreicher Legenden. Eine davon erzählt von einer Nixe, die nachts aus dem See stieg, Menschen half, mit ihnen sang und tanzte. Grimmelshausens Simplicissimus wurde von Seebewohnern zum Mittelpunkt der Erde entführt und folgte geheimnisvollen Kanälen und Höhlen. Berühmt wurde der See jedoch durch Eduard Mörikes Gedicht *Die Geister am Mummelsee* aus dem Jahr 1829.

Vor allem im Sommer und an Sonntagen ist der See ein beliebtes Ausflugsziel für Einheimische und Touristen. Doch im Spätherbst, an nebligen Novembertagen, wenn die Besucherströme nachlassen, entfaltet der Mummelsee seine mystische Aura, die all die Jahrhunderte die Sagen und Märchen nährte. An der Schwarzwaldhochstraße auf 1.029 Meter gelegen, scheint über der Nebeldecke im Tal oben meist die Sonne. Insbesondere nachmittags, idealerweise zum Sonnenuntergang, wenn andere ihre Weihnachtseinkäufe tätigen, herrscht Ruhe und Einsamkeit, ja sogar eine magische Stimmung. Das gilt vor allem, wenn die Nebeldecke sich noch dichter zeigt als angekündigt und die Tourismusindustrie rund um den See verschwunden scheint. Nun fröstelt man zwar ein wenig mehr als im Rheingraben, wenn man allerdings um den See flaniert, fühlt man sich zurückversetzt in die alten Zeiten Eduard Mörikes. *MK*

Rund um den Mummelsee führt ein barrierefreier Spazierweg. Entlang des Pfads wurden Werke verschiedener Künstler installiert.

Warum jetzt?
Im November zeigt sich der Mummelsee von seiner mystischen Seite und ist nicht überlaufen. Während die Nebeldecke die Landschaft im Tal einhüllt, scheint hier oben oft die Sonne.

Beachten!
Es empfiehlt sich ein Besuch unter der Woche oder samstags.

Wann sonst?
Im September bietet sich ein Abstecher auf die Hornisgrinde an, deren Bunkeranlagen am »Tag des offenen Denkmals« zugänglich sind.

Albtherme Waldbronn
Bergstraße 30
76337 Waldbronn
07243 56570
Altstadt Ettlingen
Parkplatz
Wilhelmstraße
76275 Ettlingen

71 Körper und Seele verwöhnen

Albtherme Waldbronn

Fünf Wellnesssterne garantieren einen erholsamen Aufenthalt! Die Albtherme Waldbronn bietet alles, was Körper und Geist guttut.

Eine großzügige Badelandschaft mit verschiedenen Becken lädt zum Schwimmen und Entspannen ein. Nach ein paar Bahnen können Sie auf Sprudelliegen das warme Wasser genießen. Oder Sie gönnen Ihren Muskeln an den Düsen im Außenbecken eine wohltuende Massage. Wer sich sportlich betätigen möchte, kann an den regelmäßigen Wassergymnastikstunden im Therapiebecken teilnehmen.

Anhänger des Dampfbades kommen in der weitläufigen Saunalandschaft auf ihre Kosten. Täglich geöffnet sind die Schwitzbäder, die nach Geschlechtern getrennt sind. In einer Grotte mit Salzsteinen aus dem Toten Meer können Sie auf bequemem Liegen bei Klang- und Lichteffekten zusätzlich etwas für Ihre Gesundheit tun: Das reine salzhaltige Klima sorgt für pure Entspannung der Atemwege und der Haut. Im Wellnessbereich *Beauty- und DaySpa* werden wiederum vitalisierende Massagen sowie kosmetische Behandlungen angeboten.

Zum Abschluss des Wellnesstages oder als Pause zwischendurch empfiehlt sich ein Besuch im *Schwitzer's Bistro*, das vom Badebereich aus zugänglich ist. Im gemütlichen Restaurant werden kleine Gerichte aus frischen regionalen Produkten zubereitet.

Für die Anreise mit dem Auto stehen direkt vor Ort kostenlose Parkplätze zur Verfügung. *DS*

In der Nähe lädt die historische Altstadt Ettlingens rund um das Schloss mit ihren mittelalterlichen Gässchen zum Bummeln, Einkaufen und zu kulinarischen Genüssen ein.

Warum jetzt?
Wenn es draußen kalt wird, wirken die warmen Sprudelbecken und ein Dampfbad wohltuend.

Beachten!
Für Familien mit Kindern gibt es spezielle Besuchszeiten, die man auf der Website der Albtherme einsehen kann.

Wann sonst?
Im Frühsommer lässt sich der Besuch mit einer Radtour durch die grünen Streuobstwiesen und die lichten Wälder rund um Waldbronn kombinieren.

Ospelehof
Windeck 2
79856 Hinterzarten
07652 5482

72 Käse aus saftigen Höhenlagen

Ospelehof

In herrlicher Aussichtslage auf einer Anhöhe im Ortsteil Windeck liegt der traditionsreiche Ospelehof. Der landwirtschaftliche Betrieb befindet sich seit 1901 im Besitz der Familie Braun. 1990 begründete sie auf dem typischen Schwarzwaldhof die eigene Käseproduktion.

Nach Absprache dürfen Gäste die Schaukäserei besichtigen und die Käseherstellung mitverfolgen. Die Familie verarbeitet jedes Jahr rund 25.000 Liter Milch zu Schwarzwald-Gouda, würzigem Bergkäse sowie feinem Weich- und Frischkäse. Die Milch stammt von drei Partnerbetrieben aus Hinterzarten. Die Kühe erhalten durch die Höhenlage der eigenen Weiden und Wiesen mit extensiver Bewirtschaftung artenreiches Futter. Ihre Milch entfaltet auf diese Weise ein schmackhaftes Aroma, das sich wiederum in der Würze der Käseerzeugnisse niederschlägt. Je nach Sorte lagern die Laibe drei bis sechs Monate im Keller. Nach dem Reifeprozess werden der Bergkäse, der Schnittkäse »Ospele Pur« und der Weichkäse mit dem klangvollen Namen »D'Strizi« im hofeigenen Bauernladen verkauft. Dort sind auch andere hofeigene Produkte, zum Beispiel selbst hergestellte Naturkosmetik, und Erzeugnisse weiterer regionaler Betriebe erhältlich.

Der hauseigene Käse lässt sich stilecht bei den gemütlichen Raclette-Abenden im Winter genießen! In der kalten Jahreszeit wird auch die alte Räucherkammer genutzt, um nach jahrhundertealter Weise Schwarzwälder Schinken, Bauernspeck und Hausmacherwürste herzustellen. *DS*

Vis-à-vis der Käserei befindet sich die hofeigene Naturkosmetikproduktion. Aus der Frischmolke, die bei der Käseherstellung anfällt, und hautpflegenden Ölen werden Pflegeprodukte auf natürlicher Basis hergestellt.

Warum jetzt?
Nun finden regelmäßig Raclette-Abende statt, bei denen man gemütlich zusammensitzt und den hofeigenen Käse genießt.

Beachten!
Die konkreten Termine werden ab August auf der Website des Ospelehofs veröffentlicht.

Wann sonst?
Im Frühling und im Sommer kann man die Umgebung des Hofs auf einer Wanderung erkunden.

Weihnachtsmarkt in der Ravennaschlucht

Jahresende

Gengenbacher Adventszauber
(30. November bis
6. Januar)
Hauptstraße 17
77723 Gengenbach
07803 930143

Weihnachtsmarkt Offenburg
(Ende November bis
23. Dezember)
Marktplatz
77652 Offenburg
0781 822800

73 Alle Jahre wieder

Gengenbacher Adventszauber

Gebrannte Mandeln, würziger Glühwein und glitzernde Lichter: Ein Zauber umhüllt die Weihnachtsmärkte im Schwarzwald wie eine Duftwolke. Voller Vorfreude blicken wir auf die Feiertage, atmen den himmlischen Waffelgeruch ein, während wir voller Inbrunst die altmodisch-schönen Adventslieder aus Kindertagen mitsingen. Das ist die Magie der Weihnachtsmärkte, und sie entfaltet sich auf wundervolle Weise in Gengenbach.

Neben einem traditionellen Adventsmarkt bietet das barocke Städtchen eine berühmte Attraktion: Die 24 Fenster des Rathauses verwandeln sich zum Jahresausklang in einen Adventskalender im XXL-Format – den größten der Welt. Das allabendliche Ritual der »Türchenöffnung« wird grandios inszeniert. Von musikalischen Klängen und einem abwechslungsreichen Rahmenprogramm begleitet, wird pünktlich um 18 Uhr ein neues farbenfrohes Fensterbild enthüllt. Die Hintergrundbeleuchtung lässt die Kunstwerke erstrahlen.

Der Maler Otmar Alt und seine bunten Gemälde haben vor über 20 Jahren den Anfang gemacht, seitdem zieren Kunstwerke von bekannten Künstlern wie Tomi Ungerer und Andy Warhol die Rathausfassade und erzählen auf ihre Weise eine Weihnachtsgeschichte. Den Abend kann man auf dem gemütlichen Adventsmarkt, auf dem kunsthandwerkliche Waren und weihnachtliche Leckerbissen dominieren, wunderbar ausklingen lassen – es sei denn, man steigt in die Schiffsschaukel, die das Kind in uns jauchzen lässt. Der Zauber ist ungebrochen.

AL

Hat man immer noch nicht genug Waffelduft eingeatmet, sollte man den Weihnachtsmarkt in Offenburg besuchen. Beide Märkte lassen sich gut kombinieren.

Warum jetzt?
Bunte Fensterbilder, Handwerkskunst, Waffeln und Glühwein – eine hervorragende Mischung, um die Altstadt zu entdecken.

Beachten!
Die Fensteröffnung findet vom 30.11. bis zum 23.12. täglich um 18.00 Uhr statt.

Wann sonst?
Eine unvergessliche Art, die romantische Fachwerkstadt zu erkunden, ermöglicht von Mai bis Oktober der Nachtwächterrundgang auf mittelalterlichen Spuren.

Triberger Weihnachtszauber
TWZ Event GmbH
(25. bis 30. Dezember)
Hauptstraße 81
78098 Triberg
07722 963050

1. Weltgrößte Kuckucksuhr
Untertalstraße 28
78136 Schonach
www.dold-urlaub.de

74 Ein Meer aus funkelnden Lichtern

Triberger Weihnachtszauber

Eine der Tourismushochburgen des Schwarzwalds veranstaltet zur Weihnachtszeit ein einzigartiges Spektakel: den *Triberger Weihnachtszauber*, eine Weihnachtslandschaft wie aus dem Märchen. Das Städtle am Wasserfall kleidet sich zu diesem Anlass in ein glitzerndes Sternenkleid aus Tausenden von Lichtern. Üppig geschmückte Tannenbäume, funkelnde Dekorationen und ein abwechslungsreiches Festprogramm gesellen sich hinzu. Verzaubert kommen wir aus dem Staunen nicht mehr heraus.

Die Gemeinde ist für seinen gigantischen Wasserfall berühmt. Über sieben Fallstufen und insgesamt 163 Metern tost das Wasser der Gutach ins Tal hinab. Grandios wird der höchste Wasserfall Deutschlands im Winter inszeniert, wenn er sich zu einer Wunderwelt aus Eis und Licht wandelt. Dafür haben sich die Organisatoren ein buntes Programm ausgedacht: Lichtertunnel, Lichterbrücke, Musik- und Showdarbietungen, eine lebensechte Krippe und viele Essensstände. An sechs Veranstaltungstagen garantieren über 100 Angebote Unterhaltung.

Besonders zauberhaft wirkt die märchenhafte Winterwelt nach Anbruch der Dunkelheit, wenn der Lichterhimmel über dem Städtchen strahlt. Vom Riesenrad aus öffnet sich ein wunderbarer Blick auf die funkelnde Landschaft und den Wasserfall. Highlight des *Weihnachtszaubers* ist die Feuershow, die mehrmals täglich aufgeführt wird. Auch für die kleineren Gäste ist einiges geboten. Sie können zum Beispiel der Märchenerzählerin lauschen oder in eine süße Zuckerwatte beißen. Strahlende Kindergesichter sind garantiert. *AL*

Die »1. Weltgrößte Kuckucksuhr« liegt nur einen Steinwurf entfernt – in Form eines kleinen entzückenden Schwarzwaldhäuschens. Zu jeder vollen und halben Stunde verlässt der Kuckuck sein Heim.

Triberg

Warum jetzt?
Wenn die meisten Weihnachtsmärkte wieder schließen, fängt das zauberhafte Lichterfest in Triberg erst an.

Beachten!
Das Fest wird jährlich neu geplant. Informieren Sie sich vorab auf der Website des Events.

Wann sonst?
Unter anderem ein Schwarzwald-, ein Instagram- und ein Modellbau-Anlagen-Museum sowie etliche Souvenir-Läden machen Triberg bei Touristen beliebt. In der Nebensaison ist es ruhiger.

Blumencafé-Landgasthof Rosenstübchen
Dorfplatz 1
79692 Kleines Wiesental
07673 7450

75 Heimeliger Genuss

Gasthof Rosenstübchen

Ein wahrer Lieblingsplatz ist das bezaubernde *Rosenstübchen*. In dem malerischen Landgasthof und Blumencafé kann man sich einfach nur wohlfühlen. Schon die Fassade in stilvollem Weiß ist ein Blickfang. Die Farbgebung setzt sich im Inneren bei der märchenhaftromantischen Einrichtung fort. Liebevoll zusammengestellte Figuren und Kerzenhalter, wunderschönes Geschirr mit Rosenmotiven und gemütliche Sitzkissen strahlen in hellen Tönen. Besonders heimelig wirkt die Weihnachtspräsentation mit eigenem Weihnachtsmarkt, der in der Adventszeit einen bunten Akzent setzt und eine willkommene Abwechslung zu den üblichen Angeboten der Jahreszeit garantiert.

Die vielen leckeren Kuchen, Torten und Tartes, die eine breite Auswahl bieten, stammen aus eigener Herstellung und werden vornehmlich mit regionalen Zutaten gebacken. Um den Gästen die Entscheidung zu erleichtern, werden auf Wunsch zwei verschiedene Kuchen zu einem Stück angeboten, gefällig angerichtet und mit frischen Früchten garniert. Dazu werden Kaffeespezialitäten oder feine Tees serviert.

Als Landgasthof bereitet die Küche traditionelle Schwarzwälder Gerichte frisch aus heimischen und saisonalen Zutaten zu. Die Speisekarte bedient von Specksalat über Forellen aus dem Wiesental oder Pfifferlinge aus dem Belchenland bis zu vegetarischen Spezialitäten jegliche Geschmacksvorlieben. *DS*

In der Boutique des Rosenstübchens kann ein Großteil der Dekoration und Accessoires erworben werden.

Warum jetzt?
Der Weihnachtsmarkt im Rosenstübchen hebt sich von ähnlichen Angeboten ab und besticht durch stilvolle Dekoration.

Beachten!
Informieren Sie sich vorab auf der Website des Rosenstübchens über den Termin.

Wann sonst?
Das ganze Jahr über finden saisonale Veranstaltungen statt.

Fahrt mit der Museumsbahn
Museumsbahnhof
Seebrugg
Seebrugg 10
79859 Schluchsee
07651 932849

76 Zwischen den Jahren zwischen den Seen

Fahrt mit der Museumsbahn

Die Endstation des alten Fernexpress Altona–Seebrugg liegt in Seebrugg, wo heute noch der Interregio von Freiburg aus endet. Die Gleise verlaufen sich im Gelände und der Bahnhof versprüht den Charme der 1950er-Jahre. Als sei die Zeit stehen geblieben. Das ist sie in der Tat, oder sollte man besser sagen, sie wurde reaktiviert?

Als 2008 am Schluchsee die alten Anlagen hinter dem Bahnhof abgerissen werden sollten, formierte sich die *Interessengemeinschaft 3-Seenbahn* zu deren Erhaltung. Die Idee eines Museeumsbahnhofs entstand. Seither wird von Eisenbahnfreunden ehrenamtlich für dieses Ziel gearbeitet. So blieb der alte Lokschuppen erhalten, genauso wie die Einrichtungen einer Gleiswaage und die Laderampe. Hier wurden einst Waren aus dem Schwarzwald wie Holz, Kohle und Bier aus Rothaus verladen und in die weite Welt entsandt. Kohle- und Wasserturm, für die Dampflok unverzichtbar, sind wieder entstanden.

Umgesetzt wurde ebenfalls die Idee einer Museumsbahn, die von Mai bis September und nach Weihnachten bis Neujahr verkehrt. Zum Jahresausklang herrscht auf der geschichtsträchtigen Strecke eine zauberhafte Atmosphäre. Tuckerten früher lange Dampfzüge durch die winterliche Märchenwelt, ziehen in jüngster Zeit vermehrt E-Loks in gemächlichem Tempo am Schluchsee und dem Windgfällweiher vorbei zum Titisee. Es ruckelt und zuckelt, die Bänke sind hart, was dem Erlebnis keinen Abbruch tut, im Gegenteil: Es passt zu dieser nostalgischen Reise zwischen den Jahren. Gute Stimmung herrscht, die Passagiere fotografieren und genießen die traumhafte Landschaft, die langsam vor den Fenstern vorbeizieht. *BH*

Laufen Sie in gut eineinhalb Stunden die knapp sechs Kilometer um den winterlichen Titisee.

Warum jetzt?
Der nostalgischen Zugfahrt am Jahresende wohnt ein eigener Zauber inne – eine Reise zwischen den Jahren durch eine entrückte winterliche Welt.

Beachten!
Nehmen Sie sich ein Sitzkissen und eine Decke mit, um es sich bequem zu machen.

Wann sonst?
In der Fahrzeit ab Ende Mai bis Anfang September lässt sich der Ausflug mit einer Bootsrunde auf dem Titisee kombinieren.

Schiltacher Silvesterzug
(31. Dezember)
Startpunkt:
Rathaus Schiltach
Marktplatz 6
77761 Schiltach
07836 5850

Simonshof
Liefersberg 97
77761 Schiltach
07836 7215

77 Wintermärchen

Schiltacher Silvesterzug

Im Kinzigtal findet sich ein Juwel der Deutschen Fachwerkstraße. Vom schrägsten Marktplatz Deutschlands aus können wir in Schiltach den Blick über die denkmalgeschützte Altstadt schweifen lassen. Fast märchenhaft mutet das Ensemble rund um den Stadtbrunnen an, weiß glänzt die kunstvoll bemalte Renaissancefassade des über 400 Jahre alten Rathauses, grüne und rote Fensterläden leuchten an den historischen Fassaden.

Besonders beeindruckend wirkt die Altstadt beim Schiltacher Silvesterzug, dessen Ursprung mindestens im 18. Jahrhundert liegt. Traditionell beginnt der Zug am 31. Dezember um 20.30 Uhr am Marktplatz. Nach alter Überlieferung erhellen nur Kerzen oder Christbäume die Fenster der Häuser. Alle künstlichen Lichtquellen wie Reklame-, Schaufenster- und Straßenbeleuchtung sind ausgeschaltet. Pechfackeln flackern am Rand der Strecke; die Teilnehmer führen nur Laternen mit sich.

»Es soll künftighin zum Sylvesterzug ein Zeichen mit der Glocke gegeben werden, daß derselbe zur Zeit um 8 ½ Uhr vor sich gehe …«, heißt es in der *Ordnung für den Schiltacher Silvesterzug*. Männer, die im ablaufenden Jahr geheiratet haben, wachen über die Einhaltung der Regeln. Der Grundgedanke des Brauchs ist das Singen religiöser Lieder am letzten Tag des Jahres, als Dank an Gott. Vier Lieder, von Hauptlehrer J. Höflin um 1886 aufgeschrieben und in Noten gesetzt, werden während der Prozession bis heute gesungen, darunter *Nun danket alle Gott* und *Freut euch, ihr Hirten*. Nach der Ansprache des Ortsgeistlichen am Pfarrhaus kehrt der Zug zum Marktplatz zurück, wo der Bürgermeister eine Rede hält und feierliche Weisen angestimmt werden. *EG*

Erleben Sie den Winter aktiv in Schiltach: beim Skifahren, Rodeln oder Reiten auf dem Simonshof.

Schiltach

Warum jetzt?
Beim Silvesterzug, wenn allein Kerzen und Christbäume die Allstadt erhellen, wirkt die historische Kulisse auf einzigartige Weise.

Beachten!
Der genaue Ablauf sowie die Liedtexte zum Mitsingen finden sich auf der Website der Stadt.

Wann sonst?
Von März bis November kann man einen Abstecher zur *Hirschgrund Zipline Area* machen, wo man über die Baumwipfel im Heubachtal »fliegt«.

Jahresabschluss in Hinterzarten

Alle Lieblingsplätze in der Region

Edi Graf
Lieblingsplätze Schwarzwald
192 Seiten, 14 x 21 cm
Klappenbroschur
ISBN 978-3-8392-2628-5

Der Schwarzwald ist bekannt für seine Kuckucksuhren, für den Bollenhut und die Schwarzwälder Kirschtorte, doch die Region hat weit mehr zu bieten. Edi Graf stellt Orte vor, an denen sich Seelenbaumler und Weltentdecker richtig wohlfühlen können: kleine Täler abseits der großen Flüsse, abgelegene Hochmoore und einsame Karseen, Museen im Kleinformat und Köche, die ihre Speisekarten mit Produkten aus der Region füllen. Der Autor porträtiert Menschen und Orte mit viel Liebe zum Detail und gibt zahlreiche Tipps.